Los elementos de mindfulness

También por Scott Rogers

*Mindful Parenting:
Meditations, Verses and Visualizations for a More Joyful Life*

*Mindfulness for Law Students:
Using the Power of Mindful Awareness to Achieve Balance
and Success in Law School*

*The Six-Minute Solution:
A Mindfulness Primer for Attorneys*

*Mindfulness and Professional Responsibility:
A Handbook for Integrating Mindfulness into the Law School
Classroom*

Attending: A Physician's Introduction to Mindfulness

*Mindfulness, Balance & The Lawyer's Brain
(Florida CLE Course Book and Audio Recording)*

*Child Is the Cosmos:
Mindful Parenting Visualizations
(Audio Recording)*

Los elementos de mindfulness

Una invitación a explorar la naturaleza
de despertarse al momento presente
. . . y mantenerse despierto

Scott L. Rogers

Mindful Living Press
2018

Copyright © 2018 por Scott L. Rogers.

Copyright © 2018 de la edición en español por Scott L Rogers. Todos los derechos reservados.

Se prohibe reproducir, almacenar o transmitir cualquier parte de este libro en manera alguna ni por ningún medio sin previo permiso escrito. Impreso en los Estados Unidos de América. Para recibir información, diríjase a: Mindful Living Press, 800 West Avenue, Suite C-1, Miami Beach, FL 33139.

SoBe Mindful® es una marca registrada del Institute for Mindfulness Studies.

Diseño de portada: Cathy Gibbs Thornton

Correctora de estilo: Melissa Hayes

Traducción: Mileta Roe y Daniel Giraldo

Biblioteca del Congreso ha catalogado la edición en inglés: 2018942115.

ISBN: 9780977345588

Primera edición, Junio 2018.

10 9 8 7 6 5 4 3 2

PARA

Paul y Marte

*En agradecimiento por su apoyo,
y por una valiosa amistad
que enriquece mi vida
día a día,
momento a momento.*

A LA MEMORIA DE

Jason Michael Ryan Thornton

*Gracias por tu amor,
luz, risa, sabiduría,
y por bendecir inmensamente
nuestras vidas.
Tu pasión por la vida nos inspira
a vivir cada día al máximo.*

Índice

Agradecimientos ix
Introducción 1
Parte I: Método
   1. Elementos de mindfulness 19
   2. Explorar los elementos: hacer 43
   3. Explorar los elementos: ser 65
   4. Elementos secundarios 111
Parte II: Práctica
   5. Flujo SoBe Mindful y práctica espontánea 151
      Pausa SoBe Mindful 159
      Minuto SoBe Mindful 163
      Ahora SoBe Mindful 167
   6. Prácticas planificadas 171
      SoBe Mindful Sunrise: Amanecer SoBe Mindful 175
      SoBe Mindful & Kind: Ser consciente y bondadoso 187
      SoBe Mindful & Grateful: Ser consciente y agradecido 203

Respuestas a preguntas frecuentes 208
Lectura recomendada 212
Sobre el autor 213
Sobre la ilustradora 215
Herramientas y juegos de SoBe Mindful 216

Agradecimientos

Durante el transcurso de los diez años en los que este libro germinó, he tenido la alegría de conocer a muchas personas maravillosas. De ellas he aprendido, y con ellas he tenido el placer de colaborar.

Agradezco a Tammy Sifre por nuestras primeras discusiones sobre el tema de este libro y por muchos años de la más verdadera forma de amistad. Gracias a Keryn Breiterman-Loader y a Christina Sava por su ayuda para reducir a una forma más manejable las muchas ideas e imágenes que se encuentran en este libro.

Gracias, Amishi Jha, por tu confianza, integridad y amistad. Nuestro trabajo de desarrollo, entrega y evaluación de la eficacia del entrenamiento de mindfulness, y su aplicación a una diversidad de grupos, me ha permitido explorar un formato más amplio para la articulación hábil y el intercambio de prácticas de mindfulness.

Estoy inmensamente agradecido con Patricia White, decana de la Facultad de Derecho de la Universidad de Miami, donde tengo el privilegio de enseñar mindfulness a estudiantes de derecho. Su invitación para unirme a la Facultad de Derecho abrió una puerta que me permite compartir mindfulness cada año con cientos de estudiantes en la Facultad de Derecho y en toda la universidad. La lucha continua por y la evolución de los planes de estudio de mindfulness y la oportunidad de explorarlo con los estudiantes y la facultad han ampliado mis habilidades y me ofrecen profundas percepciones e inestimables perspectivas.

Estoy en deuda con los generosos colegas y estudiantes que ayudan a apoyar el Programa Mindfulness in Law colaborando conmigo en la enseñanza de las clases de mindfulness—Jap Jacobowitz, Raquel Matas y Rob Rosen- infundiendo mindfulness en las clínicas—Bernie Perlmutter, Kele Stewart, Robert Latham, Rebecca Sharpless, Romy Lerner, JoNel Newman, Melissa Swain, Caroline Bettinger-Lopez, y Patricia Redmond— y facilitando Mindful Spaces en el campus de la Facultad de Derecho—Vanessa Alpizar, Joy Clayton, Dale Dobuler, Jonathan Erbstein, Jason Goldstein, Geena Kandel, Deb Martin, Rob Rosen, Alex Schimel, Janet Stearns, Luevenia Sterling y Rachel Tuckerman—y en toda la universidad—David Lee, Janet Konefal, Kelly Miller, Vera Spika, Jodi Sypher, Hope Torrents y Vera Spika. Las formas creativas en que hemos colaborado en el desarrollo de los planes de estudio y de Mindful Spaces han inspirado una reflexión profunda y continua sobre la práctica de mindfulness de maneras accesibles y significativas.

Así también, estoy agradecido con todos los amigos y colegas que han visitado la clase de Mindfulness in Law durante los últimos cinco años para elevar su comprensión sobre mindfulness y las formas en que puede integrarse en sus vidas profesionales. Gracias a Alan Gold, Lance Harkey, Dan Harris, Alice Lash, Chris McAliley, Tony Recio, Tim Ryan, Sharon Salzberg, Christina Sava, Paul Singerman, Hope Torrents, Harley Tropin y Steven Zuckerman. Y a Harley y Sherry Tropin, Paul y Marte Singerman, Adam y Jessica Moskowitz, Ed Rubinoff, y las firmas de abogados Berger Singerman y Kozyak, Tropin y Throckmorton, gracias por su generoso apoyo.

En libros anteriores les he agradecido a los muchos amigos y colegas que me han inspirado y continúan inspirándome. Entre ellos, deseo expresar mi profundo agradecimiento y aprecio a Alan Gold, un mentor, benefactor y amigo cuyo sabio consejo ha significado más para mí de lo que yo podría decir. Tú y Susan son muy especiales para mí, y su amistad y amabilidad me conmueven profundamente. Si hubiera completado este libro antes, me habría gustado mucho discutirlo y compartirlo con Melvin Rubin, un querido amigo y defensor. Por el fallecimiento de Mel, yo, junto con tantos otros, siento una profunda pérdida y tristeza. Si los Elementos sobre los que se basa este libro significan algo, es en sus recordatorios de la alegría de la conexión, la impermanencia de la vida y el misterio de la renovación. Mel—tú y Susan viajaron por el mundo, y solo puedo imaginar los innumerables amaneceres y puestas de sol, las brisas tropicales y cálidas, los bosques y jardines, y los cielos llenos de nubes que encontraron en sus muchas aventuras.

Gracias a Paul y Andrea Silitsky por su amistad y aliento en las etapas finales de desarrollo del Método SoBe Mindful y por su interés en compartirlo con otros, junto con su importante trabajo que aumenta el alcance de la práctica de la meditación en nuestra comunidad.

He tenido la buena fortuna de aprender de maestros maravillosos, cuya perspicacia y guía han profundizado mi práctica personal y, a su vez, han informado la riqueza de mi propia enseñanza, que no es más que sus enseñanzas y la de los maestros de sus maestros, en una forma menos comprendida. Siempre estaré agradecido con Fred Eppsteiner, Rosemary Barkett, Sharon Salzberg, Fletcher Baldwin, Ram Dass, Arvey Rogers y Thich Nhat Hanh. Cada uno de ellos, a su manera, me ha impartido el corazón de las enseñanzas sabias y del singular significado del corazón para todas las enseñanzas. Ben Rogers, mi abuelo, un verdadero bodhisattva, me enseñó viviendo una vida de nada más que amor. Y el amor de su vida, mi abuela, Julie Rogers, de maneras demasiado numerosas para mencionarlas y demasiado elusivas para transmitirlas, estableció que hay más en este mundo de lo que uno puede saber, y que el corazón de todo es la gratitud.

Con la mayor frecuencia posible me dirijo a Carmel, California, con mi muy querida y preciosa tía (Ant) Regina por un poco de relajación y restauración. No hay nadie en el mundo que haya conocido o que alguna vez pueda conocer que vive más plenamente una vida de servicio, y cuyas expresiones aparentemente sin esfuerzo de empatía, compasión, acción y sabiduría me han enseñado lo que es vivir una vida llena de significado y hacer del mundo un lugar mejor. Espero que cada día me mueva un poco más cerca del espacio que habitas. Gracias por tu apoyo y amor. Yo no estaría haciendo el trabajo que amo si no fuera por ti, y es este trabajo el que ha establecido las bases para el desarrollo de este libro.

Gracias a Paul Singerman, Marte Singerman, Chris McAliley, Arvey Rogers, Joan Rogers, Alice Lash, Stacey Edelman, Pam Rogers, Millie Rogers y Rose Rogers por tomarse el tiempo para revisar este manuscrito y por sus útiles comentarios. Gracias, Melissa Hayes, por su ojo experto. Una vez más, has sido una extraordinaria correctora de estilo. Estoy inmensamente agradecido con Mileta Roe y Daniel Giraldo por el gran cuidado y atención que dieron al desarrollo de esta traducción al español. Y gracias, Cathy Thornton, por tantos años de fructífera colaboración, y por hacer un trabajo tan espléndido en el desarrollo de imágenes para dar vida a las ideas y prácticas transmitidas a lo largo de este libro.

La meditación de cada mañana comienza con una vuelta de mi mente y mi corazón a mis padres, Susan y Arvey, a mis hermanas, Stacey y Shana, a mis hijas, Millie y Rose, y a mi esposa, Pam. ¿Dónde estaría, podría estar, sin ustedes? Ya hemos comenzado a dejar esta tierra y los momentos de nuestra unión se vuelven más preciosos cada día que pasa. No puede haber mayor sensación de conexión, afecto y gratitud que la que tengo con ustedes.

Introducción

Recordar

Este libro trata sobre recordar y despertar cuando lo olvidamos. Si bien muchos libros sobre mindfulness ofrecen al lector información sobre mindfulness y cómo practicarlo, este libro es un poco diferente. En él, el lector no encontrará una discusión en profundidad sobre mindfulness o la atención plena. No hay una revisión de la ciencia de mindfulness y no se hacen afirmaciones sobre sus beneficios.

Este libro aprecia los muchos tratamientos excelentes de mindfulness que están disponibles y toma otro camino. Lo que lo hace diferente es que sus contenidos son la práctica de mindfulness.

Lo más importante, este libro está destinado a hacerse irrelevante. Cuanto más revise y practique sus contenidos, más irrelevante se hará. Su utilidad es equipar al lector y luego es la responsabilidad del lector dejarlo ir.

He aquí el secreto. No hay nada en este libro que usted no sepa. El meollo es que tendemos a olvidar cosas importantes, como que ya estamos despiertos, por ejemplo. Tendemos a olvidar que tenemos todo lo que necesitamos, que estamos profundamente conectados el uno con el otro. . . que podemos dejar de esforzarnos tanto.

Este es un libro que nos ayuda a recordar.

La invitación a SoBe Mindful / La invitación a ser consciente

La mayoría de las personas reconoce la importancia de tomarse el tiempo una y otra vez para eludir el ajetreo de la vida, para relajarse y recargar energías. Hay un deseo de ralentizar, restablecer y llenar una reserva de energía, entusiasmo, enfoque y pasión que se agota rápidamente en el mundo altamente distraído, acelerado y cambiante de la actualidad.

Sin embargo, a pocas personas les resulta fácil dejar de lado por unos minutos el ajetreo de la vida y simplemente estar presentes. No es por falta de saber cómo. Ya sea dando un paseo, sentándose con una taza de té o meditando durante diez minutos, hay algo acerca de "desacelerar" que es difícil de hacer. Sospecho que esto se debe a que estas no son cosas para "hacer" tanto como formas de "ser". No obstante, seguimos tratando de "hacer(las)".

Una forma de "estar presente" que trasciende las épocas es sentarse y prestar atención a un objeto como por ejemplo la respiración. Aparentemente no sucede mucho, incluso es aburrido, pero el don extraordinario que esta práctica ofrece es rápidamente reconocido por aquellos que perseveran. Y, más recientemente, se está informando en revistas médicas y científicas sobre los beneficios de esta práctica para nuestro bienestar cognitivo, emocional y físico.

Aún así, lograr esto puede ser un gran desafío, incluso cuando uno tiene una idea de los beneficios a partir de su experiencia directa, o siente una fuerte necesidad de "disminuir la velocidad", o se le advierte que si no encuentra la manera de "reducir la velocidad" o "tomar las cosas con calma", su salud física puede estar en peligro. Conozco a muchos meditadores que se maravillan de lo fácil que es sentarse durante horas cuando van a un retiro, lo fácil que es sentarse una hora después de regresar a casa después del retiro, y luego, cómo lenta pero seguramente su otrora práctica diaria se reduce a diez o quince minutos por día, no todos los días.

No creo que haya una cantidad de tiempo prescrita para que uno se siente, si uno se sienta en absoluto. Todos somos diferentes, y todo tiene su tiempo. Pero la queja común, frecuentemente expresada como un arrepentimiento, es el deseo de sentarse más tiempo, o simplemente "sentarse".

Este libro le ofrece al lector un camino algo novedoso para comprender y practicar mindfulness. En él, aprenderá a conectar los elementos de la naturaleza con los elementos de su verdadera naturaleza, a través de imágenes que se encuentran en casi todas partes del mundo. Al principio, aprenderá a seguir las prácticas guiadas del libro y, al hacerlo, practicará mindfulness. Al mismo tiempo, como mindfulness le invita a aparecer de por vida tal como es, sin un libro, sin necesidad de nada, transferirá fácilmente lo que está aprendiendo a otros momentos de su vida, de modo que su atención se despertará espontáneamente. Muy pronto, podrá dejar de lado el libro e integrar lo que ha estado practicando en su día: su vida.

Este enfoque se conoce como el Método SoBe Mindful. Pero debido a que el "método" es realmente un recordatorio de lo que ya sabemos, llamarlo un método lo convierte en más de lo que es. Del mismo modo que podemos convertir mindfulness en más de lo que es. A lo largo del libro utilizo la descripción SoBe Mindful, una frase que he creado para recordarnos "ser conscientes" y para reflejar el origen de mi trabajo e ideas en South Beach.

Por mucho tiempo, muchos maestros de meditación han ofrecido breves invitaciones a "simplemente sentarse", "estar presente" y "despertar". Si solo pudiéramos seguir instrucciones tan directas. De la misma manera, este libro ofrece una invitación similar: "Si quieres ser consciente... entonces sé consciente" o sea "So be mindful". Por esta razón, algunas veces me referiré a ella como "la invitación de SoBe Mindful". Después de todo, la vida es una invitación.

Gran parte de lo que aprenderá en esta introducción al método SoBe Mindful consiste en breves momentos de práctica de mindfulness. Estos abarcan desde unos pocos segundos hasta varios minutos, y forman los bloques de construcción para las prácticas autoguiadas (que puede utilizar en cualquier momento y en cualquier lugar) y las prácticas guiadas por libros, muchas de las cuales encontrará en la serie de libros SoBe Mindful que ofrece prácticas de mindfulness guiadas adaptadas a contextos específicos.

Mindfulness

Mindfulness se trata de prestar atención a lo que está sucediendo en el momento presente. Se trata de "despertar" y no perder los momentos más importantes, satisfactorios y consecuentes de su vida. Es decir, no se pierda los momentos de su vida. El impedimento para esto es la corriente constante de pensamientos que recorren nuestras mentes, interpretando nuestra experiencia y tejiendo historias sobre lo que ha sucedido, lo que está sucediendo y lo que podría suceder a continuación.

Nuestra atención se dirige hacia estos pensamientos, se identifica con ellos y, a menudo, los acepta como verdaderos. Cuando esto sucede, olvidamos dónde estamos realmente, qué es lo que realmente importa, e incluso olvidamos por qué estamos aquí.

Nuestros pensamientos comienzan a tomar las decisiones. Si estos pensamientos fueran producto de una profunda sabiduría y compasión, todo estaría bien. Pero a menudo son simplemente un aspecto condicionado de nuestra naturaleza. Si rastreamos nuestras experiencias de vida (es decir, caminamos los pasos ya andados), tendrá sentido que todos persistamos en experimentar diversos pensamientos inquietantes y preocupantes. Pero eso es muy diferente a que nuestros pensamientos tengan sentido. La mente pensante nunca verá más allá de las trampas de su propio condicionamiento. Lo que se necesita es que una parte de nosotros, fuera del pensamiento, pueda darse cuenta de que los pensamientos no son hechos, sino expresiones momentáneas de la actividad mental. Cuando esto sucede, discernimos más fácilmente qué pensamientos atender y cuáles dejar pasar, como nubes que flotan en el cielo.

Cuando podemos encender la luz de la conciencia sobre la actividad momentánea de la mente, se aclara la verdadera naturaleza de nuestra experiencia. Vemos con mayor claridad que las historias que nos estamos contando a nosotros mismos son elaboraciones mentales surgidas del olvido—debido al miedo, a la ira, a la frustración, al arrepentimiento y a la duda.

Para ampliar la metáfora de las nubes, es como si el sol hubiera surgido, revelando lo que había sido un cielo oscuro. Las nubes que han amenazado se ven tal como son: aspectos momentáneos del mundo natural. Caemos en cuenta de que hay más cosas que aquello que se relaciona con la mente.

Un medio útil para aprender a estar presente, momento a momento, es la respiración. Las tradiciones de la sabiduría durante miles de años han apreciado que, como el viento o una brisa suave, la respiración siempre está cerca, surgiendo, cambiando y desapareciendo. Por lo tanto, la respiración es un objeto confiable sobre el cual podemos poner nuestra atención y observar cambios y fluctuaciones. Además, la respiración desempeña un papel útil para aprender a no dejarse llevar por cada pensamiento convincente y agitado que surge y amenaza con descarrilar nuestra atención. Volvemos a enfocar nuestra respiración cuando nos damos cuenta de que dejamos de prestarle atención y hemos entrado en el olvido.

Entonces mindfulness tiene algo que ver con permanecer despierto y prestar atención a lo que realmente está surgiendo en nuestras vidas. Sharon Salzberg nos enseña que mindfulness está marcando la diferencia entre lo que está sucediendo y las historias que nos contamos sobre lo que está sucediendo. Pero si nuestros pensamientos han sido condicionados por las experiencias de toda la vida, si hemos vivido gran parte de nuestras vidas como un niño temblando en medio del rayo y el trueno de un cielo amenazante, ¿cómo vamos a salir de debajo de la cama, abrir los ojos, mirar con valentía el cielo, y aventurarnos a salir al mundo? ¿Cómo vamos a entender lo que está sucediendo realmente aquí o allí?

La respuesta reside en nuestro cuerpo, nuestro precioso cuerpo humano. Mientras nuestros pensamientos van y vienen, nuestro cuerpo está aquí—siempre aquí, ahora. Nuestro cuerpo está muy conectado con la tierra, nacido de la tierra, y algún día regresará a la tierra. Y así como hay un flujo interminable de pensamientos y sentimientos, también existe un flujo interminable de sensaciones fluyendo a través del cuerpo. Algunos son agradables, otros desagradables.

Y algunos no son agradables ni desagradables, o son tan sutiles que apenas los notamos.

Las sensaciones que sentimos, momento a momento, son el producto de la salud de nuestro cuerpo y de lo que está experimentando en un sentido muy real y físico. Podemos temblar con escalofríos, sudar con fiebre, hincharnos con inflamación y debilitarnos con la enfermedad y la vejez. Somos muy parecidos a un árbol que también es nacido de esta tierra, sostenido por esta tierra, y destinado un día a regresar a la tierra. La tierra tiembla y el árbol tiembla. Las estaciones pasan y las hojas del árbol cambian de color, caen y regresan. Un hongo invade y el árbol se enferma. Y dado el tiempo, o el hacha, el árbol cae. Mientras que el árbol permanece presente para todo lo que surge alrededor, debajo y dentro, tendemos a hacer algo con cada temblor, cada dolor, cada experiencia que no se siente lo suficientemente bien.

A través de la práctica de mindfulness, aprendemos que lo agradable, lo desagradable y lo neutral—y las historias que contamos sobre lo bueno, lo malo y lo aburrido—a menudo son experiencias momentáneas que son materia de la vida. En lugar de hacer algo por buscar más de lo bueno, por alejar lo malo y por hacer emocionante lo aburrido, aprendemos a notar lo agradable, a observar lo desagradable y a sentir curiosidad acerca de lo neutral. Con el tiempo, quizás empecemos a apreciar que observar nuestras experiencias como buenas, malas o aburridas no es más que juicios que se interponen en el camino de la experiencia sincera y honesta de los momentos de nuestras vidas. A medida que lo hacemos, nos informamos mejor sobre cuándo actuar si se requiere acción y cuándo permitir que las cosas sean como son. Aprendemos lo que el árbol sabe muy bien: las sensaciones van y vienen. Sin siquiera intentarlo, el árbol permanece vertical y estable, presente, receptivo y vibrante.

Despertarse de la manera natural

La discusión anterior sobre mindfulness se basa en varios elementos de la naturaleza: el sol, el viento, las nubes y los árboles, y las metáforas que nos ayudan a aprender más sobre nosotros mismos. Y como las abstracciones, ideas, imágenes y símbolos son la moneda figurada de nuestra naturaleza pensante, no es de extrañar que las tradiciones de la sabiduría, durante milenios, hayan mirado a la naturaleza y a los elementos para ayudarnos a comprendernos mejor y darle sentido al mundo.

La invitación SoBe Mindful se basa en estas ideas para ayudar a iluminar nuestra comprensión de mindfulness. De manera importante, y como una premisa fundamental de la cual depende este libro, estos Elementos no deben considerarse únicamente como metáforas, sino como nuestra verdadera naturaleza. ¿De dónde venimos y dónde estaríamos si no fuera por el sol, el viento, las nubes, los árboles?

Este libro nos recuerda que cuando vemos estos elementos, nos estamos viendo a nosotros mismos. Y, aún más, cuando los vemos y experimentamos, podemos encontrarnos a nosotros mismos. Ellos son nuestros maestros y muestran el camino a casa. Y si estamos abiertos a estos indicadores, recordamos quiénes somos, dónde estamos y despertamos a nuestra verdadera naturaleza. Vemos con más claridad y amor a aquellos con quienes tenemos la bendición de viajar por la vida.

Vivo en Miami Beach, y la invitación SoBe Mindful proviene del paisaje de South Beach. De hecho, fue hace unos veinte años que tuve una experiencia profunda mientras conducía por la US-1, experiencia que seguramente regó las semillas que se han convertido en este libro. Compartiré esa experiencia brevemente. Ya tenía aproximadamente cinco años practicando mindfulness: sentado todas las mañanas, leyendo libros reflexivos sobre el tema y asistiendo a varios talleres y retiros. La riqueza, la belleza y los beneficios de mi práctica se sentían directamente al estar sentado cada mañana y se filtraban en el resto del día: mi vida. Y mientras "sabía" que cada momento era un momento para despertar, estar presente para el desarrollo natural de la vida, aún la experiencia de "despertar" estaba reservada para el cojín. Y entonces sobrevino el cambio. Nada dramático, nada especial; de lo contrario. Mientras conducía por la US-1, mi mente haciendo lo que sea que estaba haciendo, miré por el parabrisas, más allá del tráfico, y vi un árbol. Y en ese momento me desperté. El árbol, el sol, las nubes, la brisa. Las palabras no pueden explicar la experiencia; basta decir que esto despertó en mí un interés en el papel de los elementos naturales para ayudarnos a despertar, para ver más claramente lo que está sucediendo ante nosotros, dentro de nosotros. Entonces, los elementos a los que recurriremos son el sol, las nubes, el viento y los árboles.

Quizás el lector se esté preguntando dónde está el elemento más famoso de South Beach: el océano. Bueno, no todos viven cerca del océano. Pero todos, dondequiera que vivan, tienen fácil acceso a los árboles, las nubes, el sol y el viento. La invitación SoBe Mindful está abierta para todos, y los elementos seleccionados sirven para ese fin.

Además de los cuatro elementos principales del sol, las nubes, el viento y el árbol, presentaré dos elementos complementarios que desempeñan un papel relacionado con, pero un poco diferente a, la invitación SoBe Mindful. Una vez que conozca los elementos y comience a practicar con ellos, apreciará que cada elemento de la naturaleza es parte de la invitación. Montañas, lagos, olas, elefantes, lluvia, flores, etc. Si vive en una parte del mundo donde abundan algunos de estos otros elementos, puede descubrir que incorporarlos a la práctica enriquecerá significativamente su experiencia. Al mismo tiempo, una palabra de advertencia: "Enriquecer" a veces puede ser un eufemismo para agregar complejidad innecesaria. Es como leer un libro sobre mindfulness y luego, en lugar de practicar por quince minutos, pasar cinco horas leyendo otro libro sobre mindfulness.

No había nada que fuera especial en el árbol que vi esa tarde de primavera en la US-1. Fue que "vi" el árbol. Y, como compartiré con usted, el árbol me ayudó a ver.

Despertarse es difícil

Ya sea dando un paseo, sentándose con una taza de té o meditando, hay algo en la acción de desacelerar para "despertarse" que es difícil de hacer. Se puede establecer una distinción importante entre "hacer" y "ser". A menudo se incluye esa distinción en discusiones de mindfulness, y lo planteo ahora porque toca un aspecto práctico de este libro.

Ser versus hacer—estar presente para la vida tal como se desarrolla contrario a actuar para solucionar un problema que la vida presenta—es, para muchos, un desafío. Algunos que "hacen" muchas cosas (los que manejan tareas, los que van y vienen, que comienzan a sentir el peso de estar siempre en movimiento) pueden decidir que es hora de "hacer" un poco menos y "ser" un poco más. Algunos que pasan mucho tiempo fuera de la acción (pasivos, abiertos, yendo con la corriente) pueden decidir que es hora de "hacer" un poco más. Todos estamos buscando el equilibrio, y esta pregunta, enmarcada como "modo de hacer" y "modo de ser", puede ser útil.

La invitación SoBe Mindful reconoce esta dualidad y la honra al mismo tiempo que aprecia que se trata de una dicotomía falsa. ¿Está el viento haciendo o siendo? ¿Está un árbol haciendo o siendo? Responder a estas preguntas curiosas es menos importante que reflexionar al respecto. El sol, el viento, un árbol, las nubes, ya sea que estén siendo o estén haciendo, no lo están intentando.

"Hacer" algo imparte sugiere una calidad de esfuerzo. Por el contrario, "estar" presente connota lo opuesto: permitir. Si "despertar" es difícil de hacer, tal vez sea porque no es algo que "hacemos". Esta confusión puede surgir de la creencia de que tenemos que cambiar las cosas para encontrar alivio del sufrimiento. Podemos encontrar alivio, pero cuando "hacemos" algo sin haber estado presentes y atentos a nuestra experiencia, las consecuencias a menudo son miopes, de corta duración o insuficientes. Hacer y ser pertenecen el uno al otro, y mindfulness ayuda a cultivar esta más perfecta unión. "Ser" se vuelve aburrido porque nacemos para "hacer". Y "hacer" se agota porque nacemos para "ser". La invitación SoBe Mindful explora formas de hacer y ser con los elementos como guía. Por ejemplo, usted aprenderá lo que significa "tomar" aire y lo que significa "observar" la respiración. Practicará dos formas de experimentar conscientemente la respiración para llegar a dominar el cambio entre las dos. Por último, debido a que la respiración está ocurriendo independientemente de si estamos tomando aire u observando la respiración, vislumbramos la forma en que la mente nos engaña para que percibamos las cosas como algo más de lo que son.

Al prestar atención y reflexionar sobre la invitación SoBe Mindful, notará momentos de despertar que surgen de forma más natural, espontánea y sin esfuerzo. Obtendrá una claridad penetrante sobre lo que está surgiendo en su vida, y lo experimentará con mayor ecuanimidad comodidad. Los momentos desafiantes serán más llevaderos de lo que imaginó, porque su imaginación no está dirigiendo las decisiones, y desarrollará una mayor resistencia. Es importante destacar que esto no sucede debido a algo que está aprendiendo o descubriendo. Por el contrario, sucede porque está menos distraído, se cuenta menos historias y, como resultado directo, está más presente y despierto para la vida que está viviendo.

Para empezar

En los capítulos que siguen, le presentaré los cuatro elementos primarios y los dos secundarios. Para cada uno aprenderá ejercicios y puntos de vista que conectan los elementos con el cultivo del mindfulness. Estas ideas serán cada vez más significativas a medida que explora las prácticas que se ofrecen en este libro, y a medida que avanza en su día, mucho más atento a la presencia de cada elemento, tanto dentro como fuera. Descubrirá que inclinar la mente de esta manera provoca un cambio en la perspectiva, en la calidad de su atención y en su conexión con el momento que se desarrolla ante usted.

Los capítulos 1 a 4 presentan el Método SoBe Mindful. A través de imágenes simples y una explicación breve, se le ofrecerán ideas e instrucciones para desarrollar su comprensión del mindfulness y aprender aspectos fundamentales de la práctica. Al principio, le alentaré a salir al aire libre y reforzar lo que está aprendiendo, utilizando la espátula y la arcilla de la naturaleza.

El capítulo 5 se mueve del método a la práctica a medida que usted aprende el SoBe Mindful Flow (el flujo consciente de SoBe) y lo usa para experimentar la práctica "puntuada" del mindfulness—un término que inventé que se refiere a momentos espontáneos cuando se despierta sin cabeza y piloto automático. Como sabrá, el método SoBe Mindful facilita el "despertar" del piloto automático y el SoBe Mindful Flow ofrece formas de practicar para enriquecer aún más estos momentos. También aprenderá una serie de ejercicios fáciles de recordar que se pueden practicar como parte de una rutina diaria, junto con un enfoque para integrar la práctica en el lapso de una semana.

El Capítulo 6 ofrece información sobre cómo el Método SoBe Mindful se relaciona con las formas tradicionales de práctica de mindfulness. Aprenderá SoBe Mindful Sunrise (el amanecer SoBe Mindful), una práctica que se sostiene por sí misma y que puede fluir naturalmente al mindfulness del cuerpo, de la respiración, de la mente y a la práctica de la atención desnuda, así como la práctica SoBe Mindful & Kind, una práctica de bondad amorosa, y SoBe Mindful & Grateful, una práctica de agradecimiento.

El método utilizado para presentarle estas prácticas planificadas se conoce como "práctica guiada por libros", ya que sigue las imágenes establecidas en la página para guiar su práctica. Este enfoque pretende ilustrar e informar más completamente su comprensión de la práctica, y forma la base de la serie de libros SoBe Mindful. Sin embargo, para los propósitos de este libro en particular, no necesitará regresar a él para practicar estos ejercicios, una vez que los haya aprendido.

Y como este libro está destinado a equiparlo para que practique de una manera más espontánea y natural dondequiera que esté, sin ningún tipo de complicación, espero que la última vez que usted abra este libro sienta que está abriendo el armario en la obra clásica de C.S. Lewis. Abre usted la tapa del libro y cae en la belleza del mundo natural: árboles, viento, nubes y el sol. Después de todo, como nos recuerda el maestro Zen Thich Nhat Hanh, ¿no es acaso de eso de lo está hecho un libro?

Ha llegado la hora de conocer los Elementos.

Tres consejos para aprovechar al máximo este libro

Tómese su tiempo: aunque este libro se puede leer a un ritmo rápido, en su lugar, tómese su tiempo mientras lo revisa. Reflexione sobre sus métodos, ideas y prácticas.

Deténgase: muchas de las prácticas que aprenderá se pueden aplicar mientras está en movimiento; por ejemplo, mientras camina al aire libre. "Detenerse", literalmente, o incluso ir más despacio mientras reflexiona o se involucra en un ejercicio puede ser muy útil. Esto le permite experimentar más plenamente la riqueza del momento y reforzar su práctica.

Disfrute: la vida es un asunto serio y el mindfulness es una práctica seria. Pero ambos deben disfrutarse, ser una fuente de juego, de crecimiento, de inspiración.

Parte I

Método

Capítulo 1

Los elementos de mindfulness

Conozca los elementos

El Método SoBe Mindful establece las bases de un enfoque accesible y fácil de recordar para la práctica del mindfulness. Se basa en cuatro Elementos encontrados en la naturaleza.

En este capítulo, le presentaré estos Elementos y lo que representan. Luego aprenderá las ideas de mindfulness asociadas con cada Elemento.

Lea este breve capítulo lentamente, ya que sus imágenes y conocimientos forman la base del Método SoBe Mindful.

Árbol

Viento

Nubes

Sol

Lo que representan los Elementos

Ahora que conoce los cuatro Elementos, es hora de aprender lo que representan.

Como veremos, cada uno representa un aspecto fundamental de nuestra verdadera naturaleza y de la práctica del mindfulness.

Árbol = el Cuerpo

Viento = la Respiración

Nubes = los Pensamientos y Sentimientos

Sol = la Conciencia

Entendamos el mindfulness y los Elementos

Hay varias razones por las cuales el Árbol, el Viento, las Nubes y el Sol comprenden los cuatro Elementos primarios.

Una es que son parte de la vida cotidiana. Los experimentará prácticamente todos los días.

Otra es que sirven como metáforas para nuestra capacidad de estar presentes, despertar y permanecer firmes en el aquí y ahora. En este sentido, los notará dentro de usted prácticamente todos los días.

Podemos aprender de ellos. Ellos nos ayudan a recordar.

Un Árbol

Un Árbol representa el Cuerpo.

Un Árbol se yergue hacia lo alto. Respira y extrae nutrientes de la tierra, a la que está profundamente arraigado.

El Cuerpo se yergue hacia lo alto, respira, y es alimentado por la tierra. Y, como el Árbol, nace de la tierra.

Mire por su ventana, vea un árbol. Es probable que esté erguido y que la brisa mueva sus hojas mientras el Sol lo calienta. Ahora, mire hacia dentro, vea su propio Cuerpo.

A menudo nuestra postura se desploma. Cuando esto ocurre, el flujo de oxígeno se compromete porque la Respiración se vuelve poco profunda. El Cuerpo se pone tenso y su estado de ánimo puede verse afectado.

Si adopta una postura vertical y estable, como la del Árbol, usted producirá un cambio significativo en la mente y el cuerpo. Dicho cambio también vendrá si observa las sensaciones que surgen en su cuerpo.

El Viento

El Viento representa el Aliento.

Cuando el Viento sopla, fluye a través de la Tierra, enfriando, calentando, limpiando y oxigenando toda la vida.

La Respiración surge en usted, calentando, limpiando y oxigenando el Cuerpo.

Mientras que uno puede respirar a propósito, la Respiración surge por sí sola. Ocurre naturalmente. Cuando su Respiración fluye fácilmente dentro y fuera, se siente relajado, despierto y alerta. A veces, las cosas se interponen en el camino e inhiben el flujo suave de la Respiración.

Por ejemplo, cuando tiene pensamientos preocupantes o se siente emocionalmente agitado, la Respiración se vuelve baja, rápida e irregular, y una serie de sensaciones desagradables se apoderan del Cuerpo.

Llevar la conciencia a la Respiración puede provocar un cambio profundo en su bienestar mental y físico.

Las Nubes

Las Nubes representan Pensamientos y Sentimientos.

Las Nubes cruzan el cielo todo el día. Cambian, vienen y van.

Los Pensamientos y los Sentimientos surgen durante todo el día. Cambian, vienen y van.

Mire a través de la ventana. Si es de día, es probable que note las Nubes. Ahora, mire hacia dentro, en la actividad de su mente. ¿Se da cuenta de los pensamientos? ¿De los sentimientos?

Algo muy importante ocurre cuando uno presta deliberada atención a la actividad de la mente, y observa el surgimiento de Pensamientos y Sentimientos.

Especialmente cuando se aprecia que los Pensamientos y Sentimientos que surgen en este momento pronto pasarán. Como las Nubes.

El Sol

El Sol representa la Conciencia, y el Calor que alimenta al mundo.

Cuando el Sol se levanta, ilumina el mundo, sin esfuerzo. Sus cálidos rayos fluyen sin prejuicio, en todas direcciones.

La Conciencia es un atributo que usted posee, y también surge sin esfuerzo.

Reflexione sobre un momento en que usted haya estado fuera, atraído por una hermosa flor. Esto sucedió naturalmente. No hubo esfuerzo ni prejuicio.

Cuando despertamos a la Conciencia, nos sentimos vivos, frescos y enfocados.

A veces, las cosas se complican y oscurecen la plenitud de nuestra experiencia. Por ejemplo, si usted hubiera estado perdido en sus pensamientos o hubiera estado agitado, probablemente ni siquiera habría visto la flor.

A continuación se muestra una recapitulación de cada Elemento y lo que representa. Tómese unos momentos y reflexione sobre su conexión con cada Elemento.

¿Puede ver aspectos de usted mismo en cada Elemento? ¿Puede reconocer los Elementos en usted mismo?

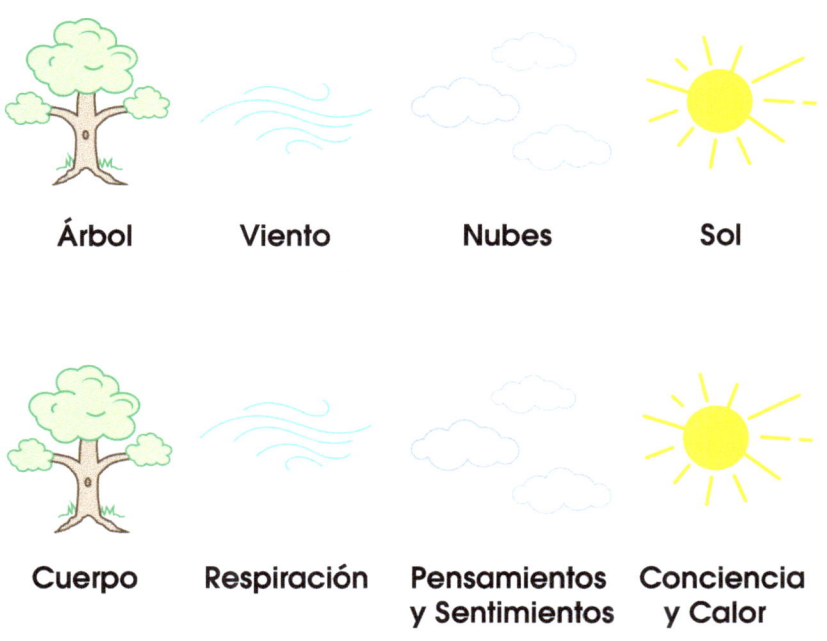

El siguiente capítulo explora esto más y enseña ejercicios asociados con cada Elemento. Estos ejercicios le ayudarán a "despertar", ya que encontrará los Elementos prácticamente en todas partes.

Interior y exterior

Los Elementos le ofrecen una invitación para "despertar" de estados automáticos, despistados y distraídos.

Usted conoce estos estados muy bien. El gran reto es que cuando estamos en piloto automático y perdidos en nuestros pensamientos, puede ser muy difícil ver la salida. Esto se debe a que es difícil darnos cuenta de que estamos perdidos en primer lugar.

Como llegará a saber a partir de su experiencia directa, cuanto más profunda sea su conexión con los Elementos, más fácilmente servirán como una llamada para "despertar". Los ejercicios del siguiente capítulo le enseñarán formas de conectarse más profundamente con los Elementos.

Pero primero, tomemos unos momentos y reflexionemos un poco más sobre los Elementos y lo que ellos representan—en el interior y el exterior.

En el interior

El interior puede significar adentro, en su hogar u oficina. Tal vez haya un árbol o una planta en una maceta. El ambiente puede estar afectado por un aparato de aire acondicionado u otra fuente de flujo de aire. La habitación está iluminada por encima o por una lámpara. Y hay sonidos, aromas, gente y mascotas, todos entrando y saliendo.

Quizás pueda visualizar esto en su imaginación, u observarlo con sus sentidos.

En el interior también puede significar dentro de usted. Después de todo, usted tiene un cuerpo, respira, tiene pensamientos y sentimientos, y lo sabe.

A continuación ofrezco una explicación más aguda.

> Imagine que está viendo una película, cautivado por los personajes y la historia.
>
> Está sentado en una silla, su cuerpo tenso, y a medida que la acción se intensifica su respiración cambia.
>
> Las emociones fluyen a través de usted cuando la trama hace giros inesperados. Está continuamente pensando en lo que está sucediendo, sus implicaciones, y lo que puede suceder después.
>
> La película termina, las luces se encienden, y salta de ella para darse cuenta de que estaba, en efecto, viendo una película.
>
> Lea nuevamente la representación anterior e identifique dónde están representados el Árbol, el Viento, las Nubes y el Sol.

En el exterior

El exterior puede significar al aire libre. Después de leer el siguiente capítulo, pasará un poco de tiempo al aire libre observando los Elementos en su estado natural. Se parecen a esto.

El exterior también puede significar fuera de usted. Esto puede parecer un poco abstracto al principio, pero con el tiempo puede llegar a ser una idea de profundos alcances.

Para ayudar a que esto tenga un poco más de sentido, a continuación hay un experimento de pensamiento.

> Imagine que usted es una mosca en una pared, y que desde allí se observa a usted mismo sentado en una habitación—como tal vez está ahora.
>
> Está sentado y respirando, el aire fluye dentro y fuera de su cuerpo.
>
> Está pensando, pensamientos surgen y pasan por su mente. Los sentimientos van y vienen.
>
> Y, desde la perspectiva de la mosca, es consciente de que esto está sucediendo.
>
> Mire la imagen de arriba. ¿Se puede ver sentado, respirando, pensando y sintiendo? Consciente de todo.

Capítulo 2

Explorar los elementos: hacer

Algo para hacer

Para que los Elementos puedan comenzar a indicar un cambio hacia una mayor conciencia atenta, comenzamos con un simple ejercicio asociado con cada Elemento.

Cada ejercicio toma solo uno o dos segundos y le invita a "hacer" algo cuando vea un Elemento.

Encontrará que algunos de estos ejercicios son fáciles. Otros pueden tomar un poco de práctica. Los ejercicios que involucran Pensamientos y Sentimientos tienden a ser los que requieren un poco más de práctica. Esto se debe a que podemos identificarnos tan estrechamente con Pensamientos y Sentimientos que ni siquiera nos damos cuenta de que los tenemos.

Desarrollar esta conciencia es fundamental para la práctica del mindfulness. En el presente capítulo usted aprenderá a "hacer" algo cuando vea un Elemento. El siguiente capítulo lo invita a "estar" presente cuando vea un Elemento.

Juntos, estos dos ejercicios profundizarán su comprensión de la diferencia entre "hacer" y "ser". Comenzará a cambiar más fácilmente entre los dos, cultivando una mayor conciencia atenta, a cada momento. Este cambio se conoce como el flujo SoBe Mindful.

Cuando vea una imagen de un Árbol,

AJUSTE SU POSTURA

Este ajuste está diseñado para generar una postura más alerta y participativa, para evitar estar encorvado. No significa ser rígido; no saque el pecho ni levante los hombros. Puede mantener los hombros hacia atrás y relajados.

La mala postura constriñe la respiración y puede provocar dolor crónico en la espalda, el cuello y los hombros. Este ajuste también preparará el Cuerpo para un flujo más fácil de la Respiración.

Y como no siempre es fácil o necesario ajustar la postura corporal, también puede extender y relajar los dedos como las hojas en una rama.

Cuando vea una imagen del Viento,

RESPIRE

Tome aire deliberadamente, inhalando por la nariz. Exhale por la boca (si es cómodo). Respire un poco más lento y más profundo que su respiración normal.

Cuando vea una imagen de Nubes,

PIENSE UN PENSAMIENTO, SIENTA UN SENTIMIENTO

Reconocer pensamientos y sentimientos puede ser difícil. Darse incluso cuenta de que están surgiendo en primer lugar puede serlo también. En este ejercicio, usted generará actividad mental de manera intencional para asegurarse de no perderse.

Cuando vea una Nube, dirija su atención hacia usted mismo y piense (palabra por palabra), "Esto es un Pensamiento". Escúchese diciendo estas palabras en su mente.

Luego, sonría (ya que la sonrisa tiende a levantar el ánimo) y piense: "Esto es un sentimiento". Haga una pausa lo suficientemente larga como para sentir el estado de ánimo que ha generado. Luego frunza el ceño (ya que fruncir el ceño tiende a reducir el estado de ánimo) y piense: "Esto es un sentimiento". Como antes, tome una pausa para sentir el estado de ánimo que ha generado.

Al hacerlo, habrá generado Pensamientos y Sentimientos, un poderoso primer paso para aprender a observarlos a distancia, como nubes en el cielo.

Cuando vea una imagen del Sol,

DIFUNDA CALIDEZ

Del mismo modo que usted difunde calor en el mundo con cada exhalación, también puede ofrecer buenos deseos para usted y para otra persona.

Cuando vea el sol o sienta su calor, recuerde (o vea frente a usted) a otra persona y ofrézcale su cálida consideración, deseándole "Que sea feliz". Luego desee para usted mismo, "Que yo pueda ser feliz".

Este ejercicio no es meramente intelectual o abstracto, ya que está practicando el cultivo de un deseo sincero basado en la bondad que está ofreciendo.

Comenzar a practicar

La última página del capítulo 1 planteó un tema importante: el aspecto interno y externo de los Elementos.

La idea de que encontrará los Elementos en espacios interiores (por ejemplo, plantas en macetas, aire acondicionado, sonidos, lámparas) y al aire libre (por ejemplo, árboles, vientos, nubes, sol) es bastante sencilla.

Pero la idea de que encontrará los Elementos dentro y fuera de usted mismo puede ser un poco confusa. Esto se debe a que no estamos acostumbrados a distinguir entre un pensamiento que tenemos y un pensamiento que estamos observando, o entre un aliento que estamos tomando y un aliento que estamos observando.

La mayor parte del tiempo, perdidos en piloto automático, no nos damos cuenta de que pensamos y respiramos porque nuestra mente está a millones de kilómetros o millas de distancia y nuestro cuerpo está siendo arrastrado con ella.

Los ejercicios cortos de "hacer" que acaba de aprender comienzan el proceso de despertarse del piloto automático.

Puede practicar estos ejercicios en las siguientes páginas cuando vea los Elementos representados. Y puede hacerlo también sin el libro cuando esté afuera, al aire libre.

Reforzar los Elementos

Usted acaba de aprender las instrucciones para su primer conjunto de ejercicios SoBe Mindful. Estos son importantes como fines en sí mismos, pero también porque son los componentes básicos del Método SoBe Mindful.

Para reforzar las prácticas asociadas con cada Elemento, cuando vea un Elemento, recuerde el ejercicio y practíquelo.

Puede resultarle útil nombrar el Elemento y su asociación. La siguiente página ofrece una vista que lo ayudará a recordar las asociaciones para cada Elemento.

Una pequeña práctica

Ahora usted está listo para practicar un corto ejercicio.

Se guiará a usted mismo, usando las imágenes de los Elementos que se encuentran en las páginas de este libro.

Pase lentamente las siguientes tres páginas y permita que su mirada caiga sobre cada una de las imágenes seleccionadas.

A medida que lo hace, lleve a cabo el ejercicio asociado con el Elemento.

El ejercicio debe de durar unos quince segundos. Proceda a un ritmo cómodo.

Esta pequeña práctica incluyó

1. Sentarse en posición vertical.

2. Tomar aliento.

3. Desear "felicidad" a otra persona y a usted mismo.

¿Notó cómo las imágenes implicaron la instrucción espontáneamente?

No había nada para leer. Ni siquiera nada para pensar.

Bien hecho.

> Nota: Si es difícil para usted recordar lo que indica cada elemento, tómese unos minutos y repase el comienzo de este capítulo.

Los Elementos en el mundo natural

Esta sección refuerza lo que acaba de aprender, preparando el escenario para llevar la práctica al aire libre, sin necesidad del libro.

Comience leyendo esta sección mientras está al aire libre y siga las instrucciones, practicando con los Elementos tal como los encuentra en la naturaleza.

Cuando note un Árbol,

ajuste su postura para que esté más erguido y estable.

Extienda los dedos.

Cuando note el Viento

(sintiéndolo en su piel o escuchándolo),

respire.

Nota: El Método de SoBe Mindful le invita a tomar una respiración. Puede que le resulte útil tomar más de una respiración. El número común de respiraciones tomadas al comienzo de muchas prácticas de mindfulness es tres.

Cuando note una Nube,

piense en el Pensamiento,
"Esto es un Pensamiento".

Sienta un Sentimiento sonriendo y piense
"Esto es un Sentimiento", y frunciendo el
ceño, y piense "Esto es un Sentimiento".

Cuando note el Sol

(sintiendo su calor o viéndolo brillar),

Desee a otra persona: "Que sea feliz".
Desee para usted mismo, "Que pueda ser feliz".

Ahora, cierre el libro y dé un paseo.

A medida que cada Elemento se le revele, practique el ejercicio que acaba de aprender.

Dedique un poco de tiempo a hacer esto de una manera relajada.

Si olvida una asociación, abra el libro en esta página ya que las imágenes a continuación le servirán como recordatorio útil.

Ajuste su Postura

Piense un Pensamiento; Sienta un Sentimiento

Respire

Difunda Calidez

Capítulo 3

Explorar los elementos: ser

Cambiar del modo hacer al modo ser

Ahora miraremos los Elementos para indicar un cambio para estar más plenamente presentes.

Este es un ejercicio útil en sí mismo, y establece el escenario para dominar el Método SoBe Mindful.

En el capítulo anterior aprendió prácticas de "hacer", que incluyen realizar un cambio intencionalmente, ya sea ajustando la postura, suavizando la mirada, respirando o generando intencionalmente un Pensamiento y un Sentimiento.

Cada práctica, a su manera, nos despierta del piloto automático. Si nuestras mentes están vagando o distraídas, nos "despertaremos", aunque solo sea por unos momentos.

En este capítulo, la práctica de cada Elemento es una de "ser", en oposición a "hacer". Estas instrucciones también toman solo un segundo o dos, y le invitan a "estar" presente con lo que está surgiendo en el momento.

De manera general usted puede pensar que sus acciones están compuestas de dos tipos de momentos; momentos de "hacer" y momentos de "ser". Los momentos de "hacer" son aquellos cuyo objetivo es provocar algo, generar un cambio. Durante los momentos de "ser" usted no está buscando cambiar nada. Simplemente está dejando que las cosas ocurran, está simplemente notándolas.

Esto no significa que el cambio no tiene lugar cuando su "ser" está presente. Simplemente significa que el cambio surge de una manera menos forzada, sin que usted busque activamente que ocurra.

Para hacer este cambio de "hacer" a "ser", uno de los Elementos desempeña un papel fundamental.

¿Sabe cuál es este Elemento?

El Sol muestra algo muy importante a medida que pasamos de hacer a ser.

Como usted ya sabe, el Sol representa la Conciencia. En las páginas siguientes, el Sol se combina con otros Elementos.

Estas combinaciones lo invitan a traer Conciencia al Elemento.

No tiene que hacer nada. No ajuste su postura (aunque eso podría suceder espontáneamente).

No tome un Aliento, ni piense en un Pensamiento ni sienta un Sentimiento (aunque esto puede suceder).

En cambio, observe la Respiración. Observe el Cuerpo. Observe el surgimiento de Pensamientos y Sentimientos.

Verdaderamente, no hay nada que "hacer". Todo está sucediendo por sí mismo.

Créalo o no, a veces no se necesita hacer nada, incluso cuando piensa o está seguro de que sí.

Cuando vea una imagen del Sol,

**OBSERVE QUÉ SURGE
EN SU CONCIENCIA**

Reducir el campo de visión, junto con otras experiencias sensoriales, es algo común cuando se está estresado.

Esta práctica consiste en abrirse a un panorama más amplio del que tenemos ante nosotros: una perspectiva de lente ancha.

Sin preferencia ni objetivo específico, tan solo mirando, usted podrá incluso notar un giro natural de su cabeza para obtener una vista más completa.

**Cuando vea una imagen de un Árbol
y el Sol,**

**OBSERVE LAS SENSACIONES
QUE SURGEN EN SU CUERPO**

Puede resultarle útil darse cuenta de las sensaciones que surgen en y alrededor de sus manos.

Cuando vea una imagen
del Viento y el Sol,

**OBSERVE LA RESPIRACIÓN QUE ESTÁ
SUCEDIENDO EN EL MOMENTO**

Cuando vea una imagen de
las Nubes y el Sol,

**OBSERVE EL SURGIMIENTO DE
PENSAMIENTOS Y SENTIMIENTOS**

Al igual que con el ejercicio de "hacer" con Nubes, puede ser un desafío observar Pensamientos y Sentimientos, ya que a veces no estamos seguros de lo que estamos pensando o sintiendo.

No es necesario encontrar una respuesta. Lo más importante es que centre su atención en su experiencia interior y que observe lo que usted observe, cada vez que lo observe.

A través de estos ejercicios, se dará cuenta de que usted es más que sus Pensamientos y Sentimientos. Aprenderá de su experiencia directa que los Pensamientos y los Sentimientos surgen y desaparecen y que aquella parte de ellos que usted "piensa" que es usted, realmente no dura mucho.

El capítulo anterior señaló que puede ser confuso pensar en encontrar los Elementos dentro y fuera de usted. Esto se debe a que es posible que no esté acostumbrado a distinguir entre un pensamiento que usted está teniendo y un pensamiento que simplemente está observando, o entre un aliento que usted está tomando y un aliento que está observando.

Al observar el surgimiento y la desaparición de pensamientos, sentimientos y sensaciones, se vuelve más claro que lo que antes no había notado en absoluto, o que creía que era sólido y fijo, era de hecho una experiencia momentánea, como el clima en un día lluvioso.

Los ejercicios de "hacer" aprendidos en el último capítulo desencadenan el proceso de despertar del piloto automático.

Los ejercicios de "ser" explorados en este capítulo le ayudan a mantenerse despierto, y a través de ese estrecho abrazo con el desarrollo de la vida, los ejercicios de "ser" le ayudan a experimentar una mayor sensación de tranquilidad durante los tiempos difíciles. Aún más, a medida que desarrolla su capacidad de permanecer atento durante tiempos difíciles, usted apreciará más el flujo y reflujo de la vida y profundizará la cultivación de la sabiduría y la compasión.

Reforzar los elementos

Usted acaba de aprender las instrucciones para el segundo conjunto de ejercicios SoBe Mindful: aprender a "estar" con los elementos.

Entonces, para reforzar las prácticas asociadas con cada Elemento, cuando vea un Elemento, recuerde el ejercicio y practíquelo.

Puede resultarle útil nombrar el Elemento y su asociación.

Por favor tómese su tiempo mientras pasa estas páginas.

En este punto del anterior capítulo, se le mostró la siguiente imagen con palabras y gestos como un recordatorio de qué hacer cuando notara un Elemento.

No se necesitan palabras cuando se trata de "ser". Naturalmente, sabemos cómo estar presentes. Es un giro suave hacia dentro—dirigiendo la luz de la conciencia sobre nuestra experiencia—y no "hacer" nada. Todo lo que se necesita es paciencia y curiosidad.

Poniéndolo todo junto

Ahora, se guiará a sí mismo, apoyado por las imágenes de los elementos emparejados que aparecen en las siguientes tres páginas.

Cada página corresponde a una práctica breve que involucra el aspecto "ser" asociado con los Elementos.

Pase aproximadamente de diez a quince segundos en cada una, ya que es probable que tarde un par de respiraciones en caer en la experiencia guiada por la imagen.

Reconocer lo que la imagen representa no es la práctica. Pero reconocerlo ayuda a señalar el camino hacia la postura de "observación" que la imagen pretende.

Después de sentarse con cada imagen durante unos diez o quince segundos, lea la breve explicación que la sigue.

Conciencia del cuerpo

Este ejercicio, fundamental para muchas prácticas de mindfulness, lo invita a dirigir su atención al cuerpo, más específicamente, a las sensaciones que surgen en y alrededor de él.

Cuando usted desacelera y observa lo que está surgiendo, momento a momento, usted reúne datos—nota cosas—que previamente habían pasado desapercibidos.

Tensión, opresión, respiración superficial, un dolor, una actitud receptiva, un picor, plenitud, sensaciones que cambian, hormigueo.

Al estar presente y observar lo que está surgiendo, sin un objetivo en particular, usted podrá experimentar naturalmente un cambio en la actividad del Cuerpo, un conocimiento sutil; un gentil desapego.

Conciencia de la respiración

Este ejercicio le ofrece una oportunidad importante para explorar más a fondo la respiración, momento a momento. La instrucción es diferente de cuando el Viento aparece solo, que significa que tome un Aliento.

En su lugar, esta imagen le indica que atraiga la atención hacia la Respiración que está sucediendo, y todo lo que se requiere es observar la respiración.

Si no lo apreció por completo cuando vio la imagen, tómese unos minutos y observe el flujo de aire al entrar y salir de su cuerpo. No debe hacer nada más.

Como eventualmente sabrá por su experiencia directa, cuando usted respira siendo consciente de la respiración, usted se vuelve mucho más consciente.

También se vuelve más hábil para darse cuenta de esto.

Conciencia de pensamientos y sentimientos

Muchos de nosotros no estamos acostumbrados a notar lo que pensamos o sentimos. A menudo nos identificamos tan estrechamente con Pensamientos y Sentimientos que puede ser un desafío observarlos. En cambio, nos convertimos en ellos. Por ejemplo, cuando estamos enojados, nuestra experiencia tiende a ser que estamos enojados en lugar de reconocer que el enojo está surgiendo. A veces, eso puede tener consecuencias para nuestra toma de decisiones y nuestro bienestar.

Este ejercicio lo invita a dirigir la atención a sus Pensamientos y Sentimientos, y a notar lo que surge, cambia y desaparece al observar el ir y venir de Pensamientos y Sentimientos y otras fluctuaciones momentáneas dentro del campo de la experiencia.

En lugar de atender algo que parece "físico", como el Cuerpo o la Respiración, está atendiendo a algo más sutil, casi abstracto. Pero, como aprenderá, los Pensamientos y los Sentimientos tienen más en común con la Respiración y el Cuerpo de lo que usted pueda "pensar".

A medida que se vuelve más Consciente de sus Pensamientos y Sentimientos, comenzará a identificarse con menos fuerza con ellos. Un espacio emergerá, y este nuevo espacio le permitirá maniobrar, reflexionar y responder con mayor facilidad.

Como lo hizo antes, cierre el libro y tome un paseo al aire libre bajo el sol.

A medida que cada Elemento se le revele, practique el ejercicio que acaba de aprender.

Pase pocos minutos presente de esta manera. Si olvida una combinación, abra el libro en esta página, ya que las siguientes imágenes le servirán como recordatorio útil.

Observe lo que está surgiendo en el campo de la Conciencia.

Observe las sensaciones del Cuerpo.

Observe las sensaciones de la Respiración.

Observe Pensamientos y Sentimientos.

Felicitaciones

En este punto, usted debe estar familiarizado con cada Elemento, ya sea que lo note en estas páginas o al aire libre en la naturaleza.

Usted ha estado reforzando lo que cada Elemento representa y aprendió dos ejercicios cortos para practicar cuando se encuentra con un Elemento, ya sea en estas páginas o al aire libre.

Un ejercicio implica "hacer" y uno implica "ser". En cualquier momento, puede observar en qué modo se encuentra. La mayoría de las veces está en piloto automático, sin saber siquiera en qué modo se encuentra.

El proceso de dos etapas de pasar de "hacer" a "ser" en conexión con un Elemento se conoce como el Flujo de SoBe Mindful. Volverá cuando aprenda los ejercicios de mindfulness en el capítulo 5.

Antes de continuar y conocer los Elementos Secundarios, vale la pena pasar un poco de tiempo explorando más a fondo la Respiración, ya que juega un papel fundamental en la práctica de mindfulness y en el Método de SoBe Mindful.

Un cuento de dos respiraciones

La respiración ha jugado un papel fundamental en las prácticas meditativas durante miles de años.

Una razón es debido a la conexión entre la mente y el cuerpo. Cuando la mente se agita, el cuerpo la sigue. Así también, a medida que la respiración se hace más fácil, lenta y regular, una mente agitada se asienta.

La Respiración es uno de los pocos procesos reguladores del cuerpo que ocurre automáticamente y que puede controlarse. Probablemente usted está respirando ahora sin esfuerzo consciente y, si lo desea, puede acelerar o ralentizar la respiración. Una variedad de prácticas de relajación utilizan esta manipulación deliberada de la Respiración.

Por el contrario, la práctica de mindfulness implica observar el aliento sin manipularlo. Es un ejercicio que permite que el momento sea como es.

Al hacerlo, usted se relaciona con lo que surge a su alrededor desde un lugar de sabiduría y compasión—no de resistencia—y está mejor equipado para acometer, o no, una acción que responda a la necesidad del momento.

La Respiración se considera a menudo como un puente entre la mente y el cuerpo y juega un papel destacado en muchas formas de meditación.

La Respiración también ejerce una poderosa influencia, regulando los procesos mentales y físicos asociados con la salud y el bienestar. Todos sabemos lo que es respirar y estamos íntimamente familiarizados con el flujo de aire dentro y fuera del cuerpo: la inhalación y la exhalación.

Ahora exploraremos la inhalación y exhalación desde dos perspectivas superpuestas para enriquecer su comprensión del mindfulness y la aplicación del Método SoBe Mindful.

La consideración principal implica la "toma" de un aliento en lugar de "observar" un aliento, una distinción que ya le ha sido explicada con anterioridad. También aprenderá sobre la diferencia entre una práctica de relajación y una de mindfulness.

Algunos consejos sobre la Respiración

Se ha escrito mucho sobre la respiración óptima. La postura, el ritmo y el compromiso muscular juegan un papel en los patrones de respiración que son saludables o pueden comprometer el bienestar.

La respiración que usted toma está influenciada por su postura. Cuando el cuerpo está encorvado y la postura torcida, el flujo natural de la respiración se interrumpe.

Por esta razón, verá que el Método SoBe Mindful aborda la postura de una manera más explícita cada vez que se activa la respiración. Esto se hace a través de imágenes del Árbol, lo que indica atención a la postura y la las sensaciones del cuerpo.

A continuación hay dos reglas generales para su postura y respiración.

Postura
Cuando se le indique que adopte una postura recta y estable, preste atención a la calidad de su postura de modo que sea cómoda y equilibrada. No está tomando una postura rígida, ni una que sea excesivamente relajada. Un ajuste sutil puede ser todo lo que se necesita.

Respiración
Cuando se le indique que respire, permita que el vientre se mueva con la respiración. Esto ayudará a garantizar que la respiración no sea vertical (es decir, el esfuerzo hacia arriba y hacia abajo del pecho y los hombros), sino horizontal (es decir, una expansión y contracción del diafragma). Disminuya deliberadamente el ritmo de su respiración, aspire aire expandiendo el diafragma y utilice la misma musculatura para expulsar suavemente y por completo el aire de su cuerpo.

Si es cómodo, respire por la nariz y exhale por la boca, como si soplara a través de una pajita. Lo más importante es respirar de una manera que sea cómoda.

La respiración espontánea es la respiración que surge cuando no le está prestando atención—es la respiración que está sucediendo la mayor parte del tiempo.

Mientras aprende, en cualquier momento, usted puede anular la respiración espontánea disminuyendo o acelerando su velocidad.

A veces, esto puede ser útil, ya que puede despertarse del "piloto automático" y puede ofrecer alivio cuando la respiración es errática y se siente abrumado.

A veces, sin embargo, esto puede parecer difícil, como si se estuviera resistiendo el ritmo del propio cuerpo.

Los ejercicios en esta sección le ayudarán a refinar las formas en que usted interactúa con la Respiración. Esto le ofrece un mayor dominio sobre el uso de la Respiración para lograr diferentes estados, como el de la relajación, por ejemplo.

También aprenderá el valor de observar, sin influir, el ritmo natural de la Respiración. Esto es parte del camino del mindfulness y un aspecto central de muchas prácticas de mindfulness.

En las páginas que siguen, respire lenta, profundamente y con comodidad cada vez que vea el Elemento de Viento. Esté atento a su postura.

No hay prisa ni necesidad de apresurarse en este ejercicio.

Como se indicó anteriormente, si es cómodo, respire por la nariz y exhale por la boca, como si soplara a través de una pajita.

Hasta ahora, el Viento ha sido el único Elemento involucrado en estos ejercicios guiados.

La práctica de mindfulness se trata más de "observar" que de "influir" o "controlar".

Es aquí donde la práctica de relajación y la práctica de mindfulness comienzan a separarse, aunque el título de este capítulo implique que sólo hay un aliento, un momento. En realidad, la separación entre estas dos prácticas consiste en una diferencia en la forma en que nos relacionamos con la Respiración. De hecho, si usted "observa" su aliento durante todo el día, notará cientos, si no miles, de diferentes patrones de respiración.

Como concepto, sin embargo, podemos pensar en "tomar" una respiración como algo diferente de "observar" una respiración. Y de hecho, experimentamos estos dos estados de manera diferente.

Cuando el Viento aparece con el Sol, note que la respiración se mueve a través de su cuerpo.

Dirija su atención a la Respiración y observe las siguientes sensaciones corporales:

el aire que entra y sale de la nariz o la boca,

o el movimiento del vientre,

o cualquier otra área que se conecta con la Respiración.

En las páginas que siguen, observe las sensaciones corporales de la respiración cada vez que ve una combinación de los Elementos del Sol y del Viento.

Cuando no haya tal combinación, tome un respiro.

¿Nota la diferencia?

Con el Sol, usted está simplemente observando. No hay esfuerzo, no hay necesidad de intentar respirar. Se está volviendo más consciente de lo que está sucediendo.

Sin el Sol, la respiración es a propósito, deliberada.

> A veces, tomar una serie de respiraciones lentas, profundas, silenciosas y regulares puede generar una sensación de calma.
>
> Esto está al servicio de la relajación.

> A veces, prestar atención a las sensaciones de la Respiración también produce una sensación de calma. Lograr un estado relajado no es un objetivo primario de la práctica de mindfulness.
>
> La práctica de mindfulness está al servicio del cultivo de la conciencia, de la sabiduría y la compasión.

La manipulación deliberada de la Respiración ayuda a provocar un cambio en la regulación del cuerpo: un cambio de la activación simpática (lucha / huida) a la activación parasimpática (relajación) del sistema nervioso.

Por el contrario, observar las sensaciones de la respiración es un fin en sí mismo. Puede atenuar el ajetreo de la mente. Porque en lugar de alimentar el frenesí del pensamiento (del pasado y el futuro y el costo emocional que puede conllevar), la atención se dirige al cuerpo. Es como si dejara de arrojar rocas a un lago; el agua se asienta porque ya no se está agitando, no porque se esté haciendo algo para que el agua se asiente.

Esta distinción es importante.

Para ayudarlo a conectarse más completamente con esta diferencia, siga las prácticas guiadas en las siguientes páginas.

¿Es capaz de observar dos respiraciones sin sentir que está tratando de respirar?

La clave es darse cuenta de que la respiración está sucediendo, lo intente o no.

Si esto se siente forzado, deje de intentar respirar y espere a que la respiración surja por sí misma.

En este punto, probablemente, usted esté adquiriendo una apreciación más matizada de lo que significa tomar un aliento, en lugar de observar el aliento que está tomando.

Probablemente también esté experimentando el cambio mental y físico que esto implica.

Se necesita práctica para desplazarse cómodamente entre estos dos estados.

También se requiere práctica para observar la Respiración por más de unos pocos momentos sin inclinarse a controlarla, o perderse en una distracción.

Regrese a esta sección de vez en cuando para practicar el cambio entre tomar y observar la Respiración.

Y, por supuesto, usted puede hacer esto en cualquier momento. Estar afuera y sentir la brisa puede ser un recordatorio para practicar; primero tomando unas cuantas respiraciones, para luego pasar a observar algunas respiraciones.

Capítulo 4

Los elementos secundarios

Los elementos secundarios

Los cuatro Elementos primarios son centrales para la invitación SoBe Mindful, y casi todos los ejercicios de mindfulness que usted aprenderá se basan en ellos.

Hay dos Elementos adicionales que también son muy importantes. Se los conoce como Elementos Secundarios y se exploran en este capítulo.

Descubrirá que enriquecen su práctica, tal vez de una manera transformadora, ya que se conectan con ideas y maneras fundamentales de cultivar y mantener la presencia.

Un pájaro

Una mariposa

Lo que representan los elementos secundarios

Un pájaro = Escuchar

Una mariposa = Gratitud

Los conocimientos de mindfulness y los elementos secundarios

Al igual que con los Elementos primarios, cada uno de los Elementos Secundarios también representa un aspecto importante de la práctica del mindfulness.

Un pájaro

Un pájaro representa Escuchar.

Cuando un pájaro está cerca, es común escuchar su canción.

Una respuesta natural al canto de los pájaros es escuchar, escuchar con deleite.

Reflexione al escuchar a los pájaros trinando temprano por la mañana o cuando está afuera en la naturaleza.

Escuchar el canto de los pájaros es a menudo una experiencia encantadora e incluso atesorada. La canción nos despierta naturalmente a la belleza de su sonido.

Es importante destacar que no estamos tratando de escuchar. No estamos tratando de descubrir qué dice el pájaro, ya que eso solo sería un obstáculo.

Simplemente nos despertamos ante el surgimiento del sonido.

Una Mariposa

Una Mariposa representa Gratitud.

Así como una oruga madura en una Mariposa, también nos transformamos a medida que viajamos por la vida.

Apreciamos que hay tanto por lo que estar agradecidos, y, al mismo tiempo, lo olvidamos.

La Mariposa es delicada, como lo es nuestra preciosa vida y la vida de todos los seres.

Nos deleitamos mientras revolotea entre flores, árboles, ríos, ilimitada y expansiva en su viaje.

Agradecida de estar viva, liberada y libre.

Todo lo que toca puede despertarnos a la generosidad de nuestras vidas y nuestras muchas bendiciones.

Repaso:
Recordar los Elementos

La siguiente página muestra cada uno de los Elementos Secundarios.

Para cada uno, nombre el Elemento y lo que representa.

Nombre el Elemento

¿Qué representa el Elemento?

Las respuestas están en la página siguiente.

 Escuchar

 Gratitud

Ahora, cierre los ojos y recuerde cada uno de los Elementos Secundarios.

Al hacerlo, recuerde lo que representan.

Si lo olvida, abra los ojos, observe las imágenes y recuérdelas.

Práctica inspirada en los Elementos

Al igual que con los Elementos Primarios, hay una práctica simple asociada con cada Elemento Secundario.

Estos elementos también dan lugar naturalmente a un cambio hacia una mayor conciencia atenta.

Hay una diferencia que vale la pena destacar al principio entre los Elementos Primarios y Secundarios. Mientras que los Elementos Primarios invitan tanto a un modo de *hacer* como a un modo de *ser*, los Elementos Secundarios tienden a indicar espontáneamente el modo *ser*.

Cuando vea una imagen de un Pájaro,

ESCUCHE

La facultad de Escuchar tiende a surgir naturalmente, sin esfuerzo.

Cuando vea una imagen de una Mariposa,

INCITE AGRADECIMIENTO

La gratitud no es algo que creamos o fabricamos. Más bien, implica traer a la mente algo por lo que estamos agradecidos y que momentáneamente hemos olvidado. Al hacerlo, los sentimientos positivos emergen y pueden sentirse y cultivarse más completamente.

El término "incitar" nos conecta con la realidad de que estamos despertando algo de una manera más completa.

Incitar Agradecimiento es despertar una sensación de Gratitud ya sentida anteriormente.

Una pequeña práctica

Para que pueda tener una idea de la interacción entre los Elementos Primarios y Secundarios, ahora se guiará a sí mismo, usando las imágenes que aparecen en las siguientes tres páginas.

Pase lentamente cada página y permita que su mirada descanse en cada imagen.

A medida que lo hace, participe en el ejercicio asociado con el Elemento y su combinación. Este ejercicio le pide que aplique lo que ha estado aprendiendo a combinaciones de elementos que son nuevas para usted.

El ejercicio deberá de tomar alrededor de 20 a 30 segundos.

Proceda a un ritmo cómodo.

¿Pudo recordar qué representaba cada Elemento y la práctica asociada con él?

Al ver el Árbol, ajustó su postura.

Con la introducción del Viento, tomó un respiro.

La imagen del Sol y el Viento introdujo la combinación de dos Elementos.

¿Qué hizo cuando vio esta combinación?

La imagen lo invitó a observar el surgimiento de dos inhalaciones y exhalaciones.

Los Elementos de Mariposa y Viento lo invitaron a experimentar un sentido de Gratitud por la Respiración.

Puede hacer esto de muchas maneras, es personal a usted. La esencia de la práctica es experimentar un sentido de gratitud por estar vivo, por el regalo de la Respiración.

Una palabra sobre escuchar

Así como siempre respiramos, siempre estamos escuchando. Y así como podemos respirar sin conciencia, podemos escuchar sin conciencia. A menudo estamos escuchando la voz en nuestra cabeza.

Es como si estuviéramos escuchando nuestros pensamientos, aceptando pasivamente lo que estamos escuchando, sin saber que tenemos otra opción, que hay más.

Escuchar con Conciencia es abrirse y ser receptivo al surgimiento del sonido. Es Escuchar, como si tuviéramos oídos que están escuchando por primera vez.

Puede ser útil bajar o cerrar los ojos cuando se practica Escuchar, ya que esto ayuda a atenuar la distracción y agudizar la facultad de Escuchar.

La imagen del Pájaro aparece en la siguiente página con un par de ojos cerrados. Lo invitan a cerrar o bajar los ojos mientras atiende los sonidos que surgen alrededor de usted.

Practiquemos algunas combinaciones más.

Con el tiempo, a medida que se familiarice practicando con los Elementos, es posible que desee modificar las prácticas para que resuenen especialmente bien con usted.

Agradecido por el Cuerpo.

Escuchando la respiración.

Una palabra sobre la Gratitud

Muchos de nosotros nos encontramos con mariposas solo en ocasiones. No es necesario ver una para incitar Gratitud.

Un lugar común que puede implicar imágenes de mariposas es un jardín de flores. Esto se debe a que, naturalmente, tendemos a asociar mariposas con flores.

Parte II

Práctica

Capítulo 5

Flujo SoBe Mindful y la práctica espontánea

Ahora que conoce el Método SoBe Mindful, los Elementos probablemente lo harán comenzar a despertarse del piloto automático. Este despertar será espontáneo y ocurrirá varias veces durante el día.

A este surgimiento de una mayor atención consciente lo he denominado *mindfulness espontáneo*, y la práctica del mindfulness en esos momentos, la he llamado *práctica espontánea*. Esto está en contraste con las prácticas de mindfulness más formales y que ocurren como consecuencia de una planificación.

En el siguiente capítulo aprenderá el Flujo SoBe Mindful, que es un elemento básico de muchas prácticas espontáneas. Como ya habrán llegado a apreciar, el Método SoBe Mindful le ofrece la libertad de jugar y relacionarse con los Elementos de maneras que resuenan en usted, para enriquecer su comprensión y práctica del mindfulness.

Práctica espontánea

La práctica espontánea se refiere a la práctica que acompaña el surgimiento espontáneo de la conciencia atenta a lo largo del día. Profundiza y enriquece estos momentos y refuerza su surgimiento. La práctica del mindfulness, de forma general, tiende a facilitar períodos de mayor conciencia, períodos de "despertar". Dichos momentos a menudo son efímeros, pero pueden ser significativos y sentidos, y presentan oportunidades para ver con mayor claridad, y ser más receptivo a lo que está surgiendo en el momento presente.

Como sin duda ha notado, los momentos expansivos de alerta—de despertar—se encuentran tarde o temprano con una contracción, un "dormirse". Usted está alerta, luego está distraído. Presente . . . ido. Involucrado . . .

distanciado. Movernos entre estos estados se ha convertido en un hábito. Pero, cuando las condiciones maduran, acostumbramos a despertarnos y permanecer despiertos.

El mindfulness espontáneo nos ayuda a conectarnos más profundamente con el abrazo cálido y la constancia que ofrece el momento presente. Recuerde aquella vez que vio una puesta de sol, una cascada, una flor o la inmensidad del océano o una cordillera y se detuvo en seco. No pensó ni reflexionó. Tan sólo se detuvo, sólo sucedió.

También puede recordar momentos en los que se sentía agitado e inquieto. Es posible que haya estado solo y perdido en pensamientos preocupantes o críticos, o tal vez estaba discutiendo con alguien. Y luego, algo sucedió y despertó; por un instante usted vislumbró que la actitud que estaba adoptando era reactiva, defensiva y no útil, o que la otra persona estaba sufriendo, pasando por un momento difícil.

Momentos como estos ofrecen pequeñas oportunidades para salir de la reactividad y permanecer conscientes un poco más.

La Pausa SoBe Mindful y el Minuto SoBe Mindful son dos prácticas espontáneas que puede utilizar en estas oportunidades. Estas prácticas insertan una cuña de conciencia en su experiencia, lo que aumenta la probabilidad de que mantenga un estado de atención o de que mitigue un estado reactivo. Es fundamental para estas prácticas el cambio de *hacer-ser* que aprendió para cada Elemento. Este movimiento de *hacer* a *ser* se conoce como el Flujo SoBe Mindful y se analiza con más detalle y se aplica a las circunstancias cotidianas en las páginas siguientes.

Flujo SoBe Mindful

El Flujo SoBe Mindful ("el flujo") implica conectarse con los Elementos para despertar más plenamente en la conciencia del momento presente.

Pasamos mucho tiempo perdidos en nuestros pensamientos, reflexionando sobre el pasado, narrando el presente y anticipando el futuro. Durante esos momentos, podemos estar en piloto automático. Despertarse del piloto automático prepara el escenario para el Flujo SoBe Mindful, la transición de un estado *condicionado* por la experiencia previa a uno *receptivo* al despliegue de la experiencia. La pregunta es, ¿qué "hacemos" después de despertarnos del piloto automático?

Piloto automático —> Hacer —> Ser

Si bien no es necesario seguir el camino lineal descrito anteriormente, es útil comenzar por *hacer* algo. Esto usted lo aprendió cuando se encontró por primera vez con los Elementos. Por ejemplo, *hacer* algo podría implicar asumir una postura vertical (Árbol) o tomar aliento (Viento). Luego, después de ser versado en *hacer*, usted cambia a *ser*.

En realidad, el *hacer* y el *ser* siempre están en juego, pero la pesadez que puede acompañar lo habitual, estados defensivos y reactivos en los que a menudo nos encontramos, puede interponerse en el camino.

A continuación, le ofrecemos un ejemplo de cómo avanzar a lo largo de este camino.

Imagine que está caminando en la calle para encontrarse con alguien. Durante los últimos días, usted se ha estado preocupando por los resultados de las pruebas que pronto recibirá. No se da cuenta, pero se encuentra en un estado de constante inquietud. Sus pensamientos se pierden en los peores escenarios, se siente ansioso, su respiración es débil, su cuerpo está rígido y apenas se da cuenta de lo que sucede a su alrededor.

Entonces, por una variedad de razones, momentáneamente se despierta de ese estado incómodo. Podría ser porque la incomodidad fue demasiada, o que le distrajo un sonido o algo sucedió a su alrededor. Su teléfono puede haber vibrado, o tal vez, debido a la práctica del Método SoBe Mindful, "siente" el viento y "se despierta".

Cualquiera que sea el motivo, usted ha salido de su estado de inquietud y ahora percibe el momento con mayor claridad. Consciente de que ha estado en piloto automático, le interesa permanecer despierto y recurrir a los Elementos. En este momento, digamos que el Viento sopla delante de usted. Entonces, usted comienza a *hacer* con el Viento, es decir, usted *toma un respiro*.

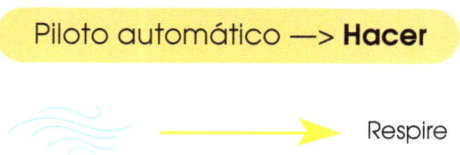

Después de tomar un respiro—o tal vez unos pocos— cambia a *ser* mediante la observación de la Respiración.

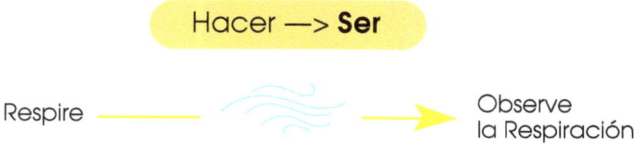

En el siguiente esquema, el Flujo se representa para cada uno de los Elementos Primarios. Es importante anotar que el Flujo se dirige a los Elementos Primarios (en oposición a los Secundarios) porque cada uno tiene un componente explícito de "hacer" y "ser". Los Elementos Secundarios son un poco diferentes en el sentido de que se involucran de manera más inmediata con "ser".

El Flujo SoBe Mindful: Hacer a Ser

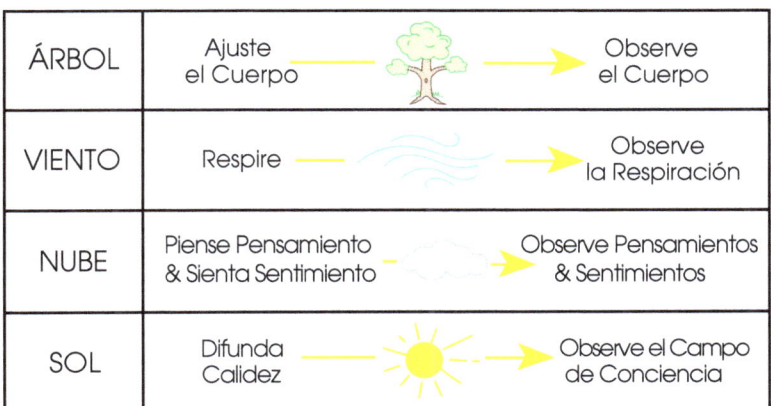

ÁRBOL	Ajuste el Cuerpo	Observe el Cuerpo
VIENTO	Respire	Observe la Respiración
NUBE	Piense Pensamiento & Sienta Sentimiento	Observe Pensamientos & Sentimientos
SOL	Difunda Calidez	Observe el Campo de Conciencia

Practique el Flujo SoBe Mindful con cada uno de los Elementos para ver si uno resuena más con usted que los demás. Si es así, este puede ser su Elemento de fiar.

La Respiración juega un papel central en el Método SoBe Mindful. Debido a que practicar con el Viento incorpora la Respiración, cuando practica el Flujo con uno de los otros Elementos, puede ser útil para la Respiración establecer el tempo, a medida que pasa de *hacer* a *ser*.

La Pausa SoBe Mindful

La Pausa SoBe Mindful le ofrece la oportunidad de ralentizar, despertarse y ver un poco más claramente lo que sucede delante de usted y dentro de usted.

La práctica inserta una pausa útil en su experiencia, es simple y fácil de recordar, y puede basarse en cualquiera de los Elementos.

Como práctica espontánea, puede recurrir a ella en cualquier momento y practicarla por el tiempo que elija.

Practicar la Pausa SoBe Mindful

La Pausa SoBe Mindful es una práctica accesible a la que puede recurrir en cualquier momento, y puede hacerlo varias veces al día. El único prerrequisito para practicar es que se despierte del piloto automático. Esto puede suceder por algo que está pensando, escuchando o viendo que le lleva a un nivel elevado de Conciencia. Tal vez sus pensamientos son tan agitados que algo dentro de usted se sale de su corriente opresiva. O quizás está aburrido, o se da cuenta de algo en el entorno que le saca de un estado distraído o reactivo.

Cualquiera que sea la causa, la Pausa SoBe Mindful le ofrece un medio accesible y simple de insertar una cuña de Conciencia en su experiencia.

Cómo practicar

Solo necesita unos segundos para practicar. Puede estar en medio de una conversación, trabajando en un proyecto o a punto de entrar en una reunión. Este ejercicio se basa directamente en el Flujo SoBe Mindful de la siguiente manera:

1. Pare. (Si no puede detenerse por completo, ralentice).
2. Recuerde un Elemento.
3. Practique el Flujo SoBe Mindful con ese Elemento.
4. Reanude lo que estaba haciendo.

El enfoque más común es practicar la Pausa SoBe Mindful al seleccionar un Elemento y luego pasar de *hacer* a *ser*. Por supuesto, en lugar de eso, puede elegir descansar en *hacer*, u omitir *hacer* y moverse directamente hacia el *ser*. A menudo, el camino que tome dependerá de su estado mental y físico en ese momento. Mientras más ocupada esté la mente y más agitado esté el cuerpo, mayor será la tendencia a comenzar y demorarse en *hacer*.

Encontrará que esta práctica es sorprendentemente efectiva y refrescante. Llegar a una pausa es en sí mismo una práctica poderosa. Detenerse y relajarse o estar más atento a lo que surge en el campo de la Conciencia puede ser esclarecedor y útil. Y, en esas ocasiones cuando está afuera, al aire libre, la práctica puede ser especialmente refrescante.

Elegir un Elemento

Hay una variedad de formas en que puede seleccionar el Elemento con el que practicar. Algunos aparecen a continuación. Algunos vendrán a usted de forma natural.

—Tener siempre a disposición un Elemento fiable. Si un Elemento en particular resuena con usted, por ejemplo, el Viento, selecciónelo como su elemento fiable.

—Recurrir a un Elemento que se destaque en el momento. Si, por ejemplo, está caminando afuera y su atención se dirige hacia las nubes, puede volverse naturalmente hacia el Elemento de la nube.

—Seleccionar un Elemento que se siente aplicable bajo las circunstancias. Si se siente conmocionado por un evento, puede recurrir al Elemento del árbol, como símbolo de estabilidad. Si está enojado con alguien, puede recurrir al Elemento del sol para difundir Calidez. Observe la tabla en la página siguiente.

> Puede ser útil identificar con anticipación su Elemento fiable para que, cuando llegue el momento, pueda sumergirse fácilmente en la práctica. Considere con cuál de los Elementos se conecta más y practique con frecuencia.

Tenga en cuenta que si bien los Elementos Pájaro y Mariposa no tienen tanto aspecto de *hacer*, funcionan bien para esta práctica, especialmente si se despiertan con la vista o el sonido de un pájaro, o de una mariposa o de una flor. Usted simplemente se moverá directamente hacia el *ser*.

Sugerencias de Elementos para diferentes circunstancias

ESTADO	ELEMENTO	OBJETO
Disperso Confundido Indeciso		Cuerpo
Ansioso Enojado Disperso		Respiración
Crítico Inquieto Enojado		Pensamientos & Sentimientos
Triste Inquieto Enojado		Bondad & Conciencia
Desesperado Inquieto Cansado		Escuchar
Celoso Desanimado Deprimido		Gratitud

El Minuto SoBe Mindful

El Minuto SoBe Mindful es un ejercicio breve que puede practicar en cualquier momento para lograr un poco de calma y pasar a un estado más consciente. Es fácil de recordar porque rastrea los Elementos, tal como los hemos aprendido. La práctica dura aproximadamente un minuto, aunque usted puede alargarla descansando durante más de una respiración, o unos momentos, con cada Elemento.

Aunque puede mantener los ojos abiertos, se recomienda que los cierre para enriquecer la experiencia, si para usted es conveniente y cómodo. Una excepción es si está afuera, al aire libre. Puede recurrir a las imágenes que ve y siente para guiarse, y quizás participar más plenamente en los aspectos sensoriales de la práctica.

Practicar el Minuto SoBe Mindful

El Minuto SoBe Mindful implica la práctica del Flujo SoBe Mindful para cada Elemento, comenzando con el Árbol. Es útil, cuando esté al aire libre, dirigir su atención a cada Elemento o, cuando esté adentro, imaginar o visualizar cada Elemento mientras lo hace. El ejercicio se muestra a continuación.

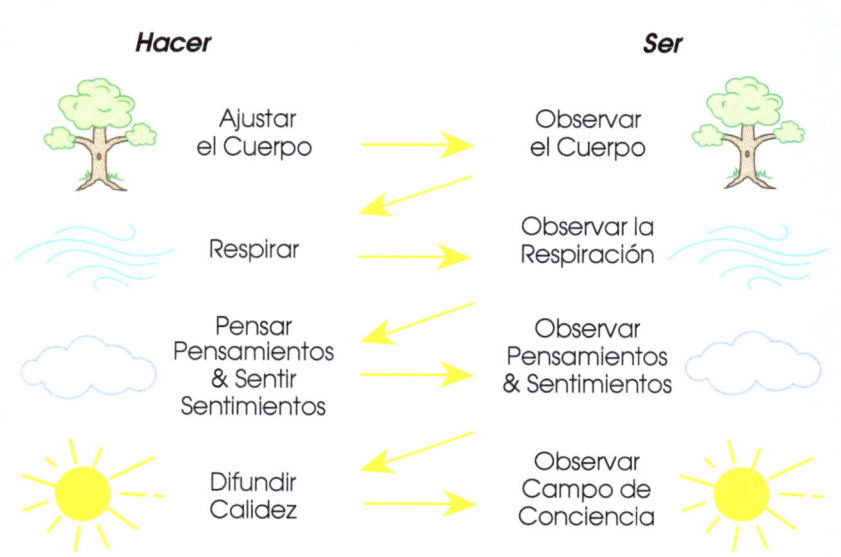

Cuando termine esta práctica, usted puede inclinarse naturalmente a incorporar uno o ambos Elementos Secundarios. Por ejemplo, el campo expandido de Conciencia ocasionada por el Sol puede traer a la mente el Elemento Pájaro y puede pedirle que escuche lo que está surgiendo en el paisaje sonoro. O tal vez le viene a la mente el Elemento Mariposa y reflexiona sobre algo por lo que está agradecido.

Sugerencias de práctica para diferentes circunstancias

El Minuto SoBe Mindful puede ser útil para insertar una cuña de Conciencia en medio de una situación difícil o incómoda.

Basándose en la idea de Viktor Frankl de que "entre el estímulo y la respuesta hay un espacio, y dentro de ese espacio está el poder de elegir nuestra respuesta", pausar deliberadamente entre un evento y una posible (sobre) reacción amplía el espacio para elegir una respuesta más intencional y útil. Es importante destacar que el espacio está respaldado y enriquecido a través de la práctica deliberada de mindfulness inherente al Minuto SoBe Mindful.

Ejemplos de momentos cuando la práctica puede ser útil:

1. Después de recibir un correo electrónico no deseado y antes de responder.
2. Cuando se enoja en una conversación.
3. Cuando tiene ganas de comer comida chatarra y sería mejor evitarla.
4. Al hacer cola y sentirse inquieto o aburrido.

Con frecuencia, la decisión de recurrir a este ejercicio se basa en la apreciación de la desconexión entre intención e inclinación. Incluso si unos momentos después de comenzar el ejercicio, o al completarlo, usted se involucra en una conducta que esperaba evitar, aún habrá comenzado el proceso de manejar más hábilmente ese momento difícil. Con el tiempo, es probable que se de cuenta de que se está produciendo un cambio significativo en el que siente un mayor dominio de sus pensamientos y acciones.

El Ahora SoBe Mindful

El Ahora SoBe Mindful se refiere a un estado de Conciencia del momento presente. Es más una inmersión en la experiencia que una práctica, y la palabra "ahora" es un lugar para estar en vez de un indicador para saber cuándo llegar allí.

Puede ser útil pensar en perderse en la riqueza del momento presente, "fluyendo o volviéndose uno con los Elementos". Y, como hemos estado explorando, los muros de separación entre Árbol y Cuerpo, Viento y Respiración, Nubes y Pensamientos / Sentimientos, y Sol y Conciencia son quizás más ilusorios que reales. Nuestra verdadera naturaleza es la Naturaleza, y el mundo natural puede ser nuestra guía para encontrar nuestro camino de regreso a casa.

La Pausa SoBe Mindful y el Minuto SoBe Mindful, junto con otras prácticas de mindfulness, ayudan a establecer una buena disposición para experimentar el Ahora SoBe Mindful. Pero, a diferencia de la discusión de la Pausa SoBe Mindful y el Minuto SoBe Mindful, hablar del Ahora SoBe Mindful solo nos lleva hasta cierto punto, ya que es la práctica del mindfulness la que abre la puerta.

Fluír con los Elementos

Vivir una vida consciente no requiere mucho esfuerzo. Los dos ejercicios pequeños que acaba de aprender, la Pausa SoBe Mindful y el Minuto SoBe Mindful, se practican para profundizar su conexión con el momento presente, con el Flujo SoBe Mindful invitando a una transición deliberada del hacer al ser para facilitar este cambio. La belleza de recurrir a los Elementos como una forma de práctica es que usted vuelve a la naturaleza y, al hacerlo, usted *vuelve* a su verdadera naturaleza.

A veces descubrirá que a medida que fluye desde el *hacer* hasta el *ser*, *ser* deja naturalmente de ser un esfuerzo consciente y usted experimenta un estado de presencia abierto y receptivo. A esto lo llamamos "Fluir con los Elementos". Usted es el Árbol, su Aliento es el Viento, su mente son las Nubes, y es consciente.

También puede encontrar, especialmente si lleva un buen tiempo practicando, que comienza a "Fluir con los Elementos", incluso sin participar en el proceso de dos partes. Por ejemplo, puede notar un Elemento y cambiar a un estado del *ser* (es decir, sentir el Viento y tomar conciencia de la Respiración) y luego caer espontáneamente en el momento. O tal vez no se preste atención deliberada a los Elementos, y no hay un compromiso deliberado con *hacer* o *ser*. Más bien, se conecta con un Elemento y se despierta espontáneamente. Esto sería similar a mi experiencia conduciendo por la autopista US-1 y viendo el árbol.

Probablemente experimentará esto más a menudo cuando esté afuera, comunicándose con la naturaleza. Es posible que ya lo sepa por su experiencia directa. Y debido a que los Elementos también se encuentran adentro, no hay un lugar en particular en el que deba estar para despertar espontáneamente. En todos los casos, usted *se despierta desde dentro*.

Una forma de participar en la experiencia más profunda de "Fluir con los Elementos" cuando está afuera es detenerse físicamente mientras practica la Pausa SoBe Mindful o el Minuto SoBe Mindful. Un aspecto flexible de estas prácticas es que puede estar en movimiento mientras practica. Llegar a un punto muerto, literalmente detenerse en seco, puede conducir a una experiencia poderosa, incluso si es solo durante algunos momentos gloriosos.

El movimiento del *hacer* al *ser* que informa gran parte del Método SoBe Mindful ahora se reduce a un nivel más profundo. En palabras del amado maestro del mindfulness y maestro Zen, Thich Nhat Hanh, se mueve a un estado de *interrelación*, donde hay un sentido permanente de que todo está conectado, que todo debe su existencia a todo lo demás.

Basándose en la construcción lineal previamente establecida, puede pensar que se mueve desde:

piloto automático —> hacer —> ser —> **interrelacionarse**

Si bien como una práctica y una herramienta de aprendizaje, esta representación lineal puede ser útil para comprender y monitorear estos cambios, no hay nada intrínsecamente lineal en el Flujo.

> Conceptualmente, nos ubicamos en el continuo anterior, y este mapeo es útil para la "mente pensante" para saber dónde estamos "en el camino". El desafío es que seguimos intentando saber dónde estamos y llegar a otro lugar (mejor), cuando de hecho ya estamos aquí, ya estamos despiertos, y siempre es así. Solo lo olvidamos.

Capítulo 6

Prácticas planificadas

Prácticas planificadas

Es útil practicar mindfulness regularmente. Una buena regla general es practicar todos los días durante una cantidad de tiempo que sea conveniente para usted, dado su horario diario.

Tradicionalmente, la práctica diaria puede durar entre veinte y noventa minutos, una o dos veces al día. Con un número creciente de personas que se interesan por el mindfulness, el tiempo de práctica diaria sugerido ha disminuido, y las investigaciones respaldan la eficacia de un tiempo de práctica más breve. Mi colega, el neurocientífico cognitivo Amishi Jha, encuentra que doce minutos de práctica pueden generar beneficios medibles. Algunos maestros prominentes sugieren que prácticas cortas, efectuadas muchas veces al día, también pueden ser muy útiles. Y prácticamente todos están de acuerdo en que algunas cuantas son mejores que ninguna.

En esta sección aprenderá tres prácticas planificadas: el Amanecer SoBe Mindful, SoBe Mindful & Kind (Ser consciente y bondadoso) y SoBe Mindful & Grateful (Ser consciente y agradecido). Como estas son prácticas planificadas, usted puede designar una hora determinada del día para practicarlas. Por ejemplo, cuando se levanta por la mañana puede practicar el Amanecer SoBe Mindful. Puede practicar el SoBe Mindful & Kind durante un descanso del día, tal vez antes o después del almuerzo. Estos pueden convertirse en agradables rituales que lo despiertan, incluso después de que creía que ya se había despertado cuando salía de la cama.

Debido a que las prácticas planificadas implican sentarse por más de unas pocas respiraciones, es más probable que la mente divague. El Método SoBe Mindful ofrece imágenes útiles para usar durante el divagar de la mente. A esto usted puede adicionar la instrucción tradicional de mindfulness para responder hábilmente a las divagaciones.

Una palabra de la mente divagante

Es normal distraerse mientras se practica el mindfulness. Darse cuenta de esto de primera mano puede ser esclarecedor ("¿es realmente frágil mi atención?") e inspirar la práctica.

La imagen SoBe Mindful para la mente distraída es el Sol bloqueado por una nube.

Por supuesto, el Sol no se ha ido a ninguna parte. Este es un acontecimiento natural, uno que ha observado muchas veces. Es solo que durante esos momentos, el Sol se ha escondido temporalmente detrás de una Nube.

Temporalmente, porque las Nubes continúan. Se acumulan y se disipan. Es útil recordar que cuando esto sucede, la Nube no necesita desaparecer, ya que la conciencia es lo suficientemente grande como para contener todo, incluso la Nube.

Es útil considerar la distracción mental como un estado natural y temporal.

Practicar Mindfulness

Cuando se da cuenta de que su mente divaga y se ha distraído del objeto sobre el que inicialmente había centrado su atención (por ejemplo, Cuerpo, Respiración, Pensamientos), dirija suavemente su atención de nuevo hacia el objeto. Esto requiere poco o ningún esfuerzo; es el *recordar* natural de dónde estaba unos momentos antes de que comenzara a divagar.

El Amanecer SoBe Mindful

El Amanecer SoBe Mindful es una hermosa práctica para comenzar el día. La metáfora de la salida del sol nos recuerda que podemos "despertar" en cualquier momento, incluso a la mitad del día.

La práctica aparece en las siguientes páginas como una práctica guiada, con instrucciones. Esto significa que puede usar este libro para guiar la práctica, al igual que lo haría con una grabación de audio. Luego de un corto período de tiempo, podrá practicarlo de memoria.

La práctica comienza justo antes del amanecer, cuando la atención se dirige a los Elementos, uno por uno. Luego, cuando amanece y el Sol emerge, usted observa los Elementos, uno por uno. Durante la fase del *ser*, usted puede adelantar una práctica tradicional de mindfulness, ya sea orientada alrededor del cuerpo, la respiración, la mente o un campo ampliado de conciencia.

Un árbol está en pie antes del amanecer

Adopte una postura vertical
y estable.

(Si está recostado, tal vez desee
estirar y relajar su
cuerpo / sus manos).

El viento sopla antes del amanecer

Tome un Aliento lento y profundo.

Las nubes por encima antes del amanecer

Piense un Pensamiento;
sienta un Sentimiento.

Llega el amanecer

Difunda calidez

(Piense en otra persona y deséele
"Que seas feliz".
Luego desée lo mismo para usted,
"Que yo pueda ser feliz").

**El sol comienza a salir
y brilla en un árbol**

Preste atención a las sensaciones corporales.

* Puede optar por quedarse en esta fase y practicar una conciencia del cuerpo o una práctica de escaneo corporal. Vea las páginas 184-185 para más información.

El sol brilla en el viento

Preste atención a la Respiración.

* Puede optar por quedarse en esta fase y hacer una práctica de conciencia de la respiración. Vea las páginas 184-185 para más información.

El sol brilla en las nubes

Preste atención a Pensamientos y Sentimientos.

* Puede elegir quedarse en este paso y practicar lo que se conoce como una práctica de etiquetar. Vea las páginas 184-185 para más información.

El sol está brillando

Expanda el campo de la Conciencia
(abra los ojos / levante la mirada).

* Puede optar por establecerse en este paso y practicar lo que se conoce como una práctica de supervisión abierta o de atención abierta. Vea las páginas 184-185 para más información.

Repaso del Amanecer SoBe Mindful

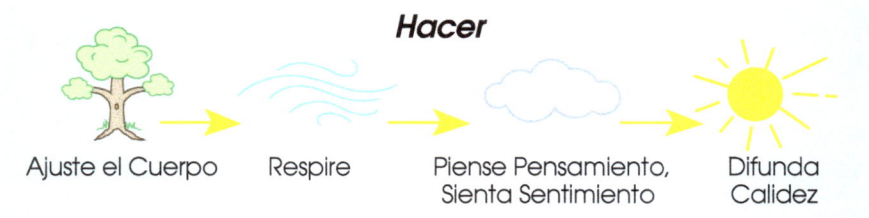

Después de pasar por la fase de *hacer* para cada Elemento, puede poner su atención, en cualquiera de los Elementos y practicar ejercicios fundamentales de mindfulness durante el resto de la práctica.

Si conoce una o más de estas prácticas, inmediatamente podrá intuir cómo encajan con el Amanecer SoBe Mindful. Si estas son nuevas para usted, encontrará sugerencias útiles en la próxima página. La lista de recursos, que se encuentra en la página 210, le proporcionará información y conocimientos para profundizar su comprensión de estas prácticas.

Es posible que ya conozca una o más de las prácticas a continuación y, como se comentó anteriormente, puede integrarlas al Amanecer SoBe Mindful. Si son nuevas para usted, puede comenzar a practicar con la breve instrucción a continuación. Considere también la opción de aprender con un maestro, un grupo o mediante otra forma de instrucción, apoyo y orientación.

Conciencia Corporal implica poner su atención en las sensaciones que surgen dentro del cuerpo, observándolas surgir, cambiar y desaparecer.

Escaneo Corporal implica poner su atención en un área del cuerpo observando si las sensaciones que experimenta son agradables, desagradables o neutras. Todo el cuerpo se escanea lentamente de esta manera, moviéndose de los dedos a la cabeza. A menudo, se practica mientras está acostado.

Conciencia de la Respiración implica enfocar la atención en la Respiración, atendiendo al flujo de aire a medida que entra y sale del cuerpo.

Etiquetar / Conciencia de Pensamientos y Sentimientos implica poner su atención en la Respiración, y al percatarse de que su mente se ha distraído, anotando en silencio "pensamiento", "sentimiento" (o "sensación").

Atención Desnuda / Monitoreo Abierto implica observar y mantener la atención sin prejuicios sobre lo que surja y atraviese el campo de la conciencia.

Para las primeras tres prácticas, cuando note que su mente divaga, regrese suavemente la atención a la Respiración y continúe la práctica. Para la práctica de Atención Desnuda, esta es una instrucción útil cuando se da cuenta de que un campo expandido de conciencia ha colapsado y sus pensamientos están en otra parte.

El Minuto SoBe Mindful como una práctica planificada

Habrá notado que el Minuto SoBe Mindful y el Amanecer SoBe Mindful son similares, con la excepción de que el Minuto SoBe Mindful fluye de *hacer* a *ser* para cada Elemento, mientras que el Amanecer SoBe Mindful fluye primero a través de *hacer* para cada Elemento, y luego a través de *ser*.

Como una práctica espontánea, el Flujo inherente al Minuto SoBe Mindful entre *hacer* y *ser* es útil, ya que incluso si se detiene en el camino, habrá tenido la oportunidad de practicar tanto el *hacer* como el *ser*. Debido a que es un ejercicio breve que se presta muy bien para ser practicado al aire libre, el movimiento del *hacer* al *ser* puede, de vez en cuando, llevar a un estado de interrelación cuando usted comienza a Fluir con los Elementos (vea la página 169).

Dicho esto, puede ser que encuentre el flujo de Minuto SoBe Mindful para ayudar a establecer una práctica planificada y significativa. Como tal, puede elegir fluir de *hacer* a *ser* para cada Elemento y luego, cuando llega al Sol, cae en un período de práctica de mindfulness.

Cualquier enfoque que tome, la conclusión principal es que el Método de SoBe Mindful es un enfoque flexible que puede adaptar de forma que resuene con usted. Debido a que el método se basa en elementos fundamentales de la práctica del mindfulness, es probable que su tratamiento personalizado mantenga la integridad de la práctica.

SoBe Mindful & Kind: Ser consciente y bondadoso

La práctica SoBe Mindful & Kind cultiva una amable consideración hacia usted y hacia los demás de una manera que sigue la tradición de la práctica de la "bondad amorosa".

Esta práctica sigue los pasos del Amanecer SoBe Mindful, pero agrega una expresión más completa de bondad practicada *al amanecer*. La práctica de *hacer*, de difundir Calidez se expande para incluir lo siguiente:

Que yo pueda estar seguro.
Que yo pueda ser feliz.
Que yo pueda estar sano.
Que yo pueda vivir con tranquilidad de corazón.

La práctica se ofrece a los demás de manera deliberada, de modo que se la ofrezca a un benefactor, a una persona neutral, a una persona difícil y a todos los seres.

Un árbol está en pie antes del amanecer

Adopte una posición recta
y estable.

(Si está reclinado, puede estirar
y relajar su cuerpo / sus manos).

El viento sopla antes del amanecer

Tome un aliento lento y profundo.

Las nubes por encima antes del amanecer

Piense un Pensamiento;
Sienta un Sentimiento.

Llega el amanecer

Difunda calidez con una suave exhalación.

Difunda calidez a usted mismo

(Piense en usted mismo en este
momento de su vida y desée ...)

Que yo pueda estar seguro.
Que yo pueda ser feliz.
Que yo pueda ser saludable.
Que yo pueda vivir con tranquilidad de corazón.

Difunda calidez a un benefactor

(Piense en alguien que haya sido bueno con
usted en esta vida y desée para él/ella ...)

Que pueda estar seguro.
Que pueda ser feliz.
Que pueda ser saludable.
Que pueda vivir con tranquilidad de corazón.

Difunda calidez a una persona neutral
(Piense en alguien para quien no tenga
sentimientos de una forma u otra, y desée ...)

Que pueda estar seguro.
Que pueda ser feliz.
Que pueda ser saludable.
Que pueda vivir con tranquilidad de corazón.

Difunda calidez a una persona difícil

(Piense en alguien con quien tenga
una relación difícil y desée ...)

Que pueda estar seguro.
Que pueda ser feliz.
Que pueda ser saludable.
Que pueda vivir con la tranquilidad del corazón.

Difunda calidez a todos los seres

(Piense en todos los seres que viven en este mundo, incluyéndolo a usted, y desée ...)

Que todos los seres estén seguros.
Que todos los seres sean felices.
Que todos los seres estén sanos.
Que todos los seres vivan con tranquilidad de corazón.

**El Sol comienza a levantarse
y brilla en un Árbol**

Preste atención a las
sensaciones corporales

El Sol brilla en el Viento

Preste atención a la Respiración.

El Sol brilla en las Nubes

Preste atención a Pensamientos y Sentimientos.

El Sol brilla

Extienda el campo de la Conciencia
(Abra sus ojos / Levante su mirada)

Las prácticas de bondad amorosa tienen una rica historia en una variedad de tradiciones de sabiduría. Este ejercicio sigue uno popularizado por Sharon Salzberg y compartido por muchos excelentes maestros.

Al comenzar con las prácticas de *hacer* del Árbol, el Viento y las Nubes, usted establece una base para practicar que se desarrolla a través de la difusión del Calor con el Sol. Luego, después de cultivar la bondad amorosa, el ejercicio se termina con las prácticas del *ser* asociadas con cada uno de los Elementos.

Para aprender más de la bondad amorosa, puede leer los libros de Sharon Salzberg: *Lovingkindness, A Heart As Wide As the World, Real Happiness, The Kindness Handbook,* y *Real Love.*

SoBe Mindful & Grateful: Ser consciente y estar agradecido

La práctica SoBe Mindful & Grateful implica el cultivo de la gratitud y la conexión.

Las imágenes facilitan la expresión de Gratitud hacia usted y hacia otra persona, a medida que se conecta con un Elemento elegido dentro de usted y dentro de otra persona.

Al igual que las otras prácticas planificadas en este libro, usted puede practicar esta con el libro, o puede recordar el Flujo y practicarla sin él.

Este ejercicio también se puede practicar fácilmente y de manera significativa durante el día cuando vea una Mariposa. Como se trata de una práctica espontánea, quizás desee recordar un solo Elemento y practicar para usted y la persona que trae a la mente.

Agradecido por el Cuerpo

Reflexione sobre la maravilla de tener un cuerpo y sienta Gratitud por su cuerpo.

Piense en alguien que le importe y sienta Gratitud ante el hecho de que la persona tiene un cuerpo.

Agradecido por la Respiración

Reflexione sobre la maravilla de poder respirar y sienta Gratitud por la respiración.

Piense en alguien que le importe y sienta Gratitud ante el hecho de que la persona es capaz de respirar.

Agradecido por Pensamientos y Sentimientos

Reflexione sobre el don de poder pensar y sentir y cultive un sentido de Gratitud por poder hacerlo.

Piense en alguien que le importe y cultive un sentido de Gratitud ante el hecho de que la persona es capaz de pensar y sentir.

Agradecido por ser consciente

Reflexione sobre la maravilla de la Conciencia y sienta Gratitud de que usted es consciente.

Piense en alguien que le importe y sienta Gratitud ante el hecho de que la persona es consciente.

Puede optar por reemplazar la Conciencia por la Calidez y cultivar Gratitud por poder sentir calidez y amabilidad por los demás.

Respuestas a preguntas comunes

P: ¿Hay alguna razón por la cual el Flujo SoBe Mindful se mueve de hacer a ser y no al revés?

R: La práctica de hacer está destinada a ayudar a estabilizar el cuerpo y a tranquilizar la mente llamando la atención hacia adentro. Esto establece una base más estable para el lograr una mayor conciencia atenta.

P: Las prácticas de hacer para el Árbol y el Viento son bastante simples, mientras que la práctica de hacer para las Nubes parece complicada. ¿Hay alguna razón para esto? ¿Es importante que yo siga las instrucciones?

R: Como regla general, tendemos a considerar el Cuerpo y la Respiración como cosas diferentes de "quienes somos". Pensamos "estoy respirando" y "tengo un cuerpo". En contraste, podemos identificarnos con pensamientos que consideramos como "lo que somos". "Yo soy mis pensamientos" es una creencia común. Lo mismo ocurre con nuestros sentimientos. Sin embargo, podemos ser conscientes del Cuerpo, conscientes de la Respiración, y conscientes de los Pensamientos y los Sentimientos como objetos que surgen en la conciencia. La práctica de hacer para las "Nubes" está destinada a permitir un mayor discernimiento de nuestra Conciencia respecto a Pensamientos y Sentimientos. Al pensar deliberadamente "Esto es un pensamiento", el pensamiento se vuelve más aparente. Usted puede explorar esto al pensar "Esto no es un pensamiento". Además de provocar la comprensión de que "los pensamientos no son hechos", esto puede ser una idea transformadora. Del mismo modo, la generación de un sentimiento positivo y negativo al sonreír y fruncir el ceño hace resaltar estos estados junto con la calidad inherentemente transitoria de nuestras experiencias emocionales.

P: Leí sobre proyectar "Esto es un pensamiento" y los otros Pensamientos sobre las Nubes. ¿Por qué es esto útil?

R: Si usted está practicando afuera y ve unas Nubes, puede que le resulte útil proyectar uno o más de los pensamientos y sentimientos de hacer sobre ellos, ya que hace más real su naturaleza fugaz. A medida que las nubes avanzan, sentirá que también lo hacen los Pensamientos y los Sentimientos.

P: El ejercicio del Árbol implica principalmente el ajuste de la postura. También parece que estirar los dedos es importante. ¿Importa cuál de los dos hago?

R: Una de las razones de la opción de "estirar los dedos" es que usted puede estar en una posición en la que no es fácil ajustar la postura (por ejemplo, sentado o reclinado). En este caso, estirar y relajar los dedos (que se asemejan a las ramas laterales del árbol) puede ser un compromiso significativo del cuerpo. También puede sentirse bien. Al caminar o pararse, ajustar la postura tiende a funcionar bien y puede ser suficiente, aunque ambos pueden ser útiles y realizarse con relativa rapidez.

P: Noto que la mayoría de los ejercicios comienza con el Árbol. ¿Hay alguna razón para eso?

R: Muchas prácticas de mindfulness comienzan con el Cuerpo. Como el Árbol representa el Cuerpo, los ejercicios SoBe Mindful comienzan allí. Hacerlo puede ayudar a establecer una base sólida para la práctica.

P: ¿Puedo practicar el Minuto SoBe Mindful sin la parte de *hacer*? A veces tengo ganas de ir directamente a la parte de "conciencia / *ser*".

R: Sí. De hecho, las prácticas espontáneas tienden a surgir en cualquier momento, y si usted se involucra de forma natural en el aspecto del *ser* de la práctica, incluso podría ser un poco discordante cambiar a *hacer*. En general, el estado de la mente y el cuerpo que está experimentando en el momento (por ejemplo, ansioso, relajado, comprometido) lo guiará naturalmente a una forma de práctica que responda al momento.

P: ¿Por qué los Elementos Mariposa y Pájaro solo se consideran Elementos de *ser*?

R: Ambos, escuchar y sentirse agradecido, tienen cualidades que surgen espontáneamente. Debido a que los pájaros y las mariposas a menudo aparecen de la nada, su misma naturaleza se presta más fácilmente a "caer en la Conciencia", en lugar de hacer un esfuerzo.

P: ¿Se recomienda que yo solo practique los ejercicios en el libro o debería practicar otros ejercicios de mindfulness?

R: Se le recomienda encarecidamente que observe el paisaje más amplio de las prácticas de mindfulness y que practique aquellas que le parezcan significativas. Idealmente, el Método SoBe Mindful enriquecerá su experiencia con estas prácticas y ellas, a su vez, profundizarán su capacidad de experimentar momentos espontáneos de mindfulness. El Amanecer SoBe Mindful y el Minuto SoBe Mindful, como se señala a continuación, están diseñados para fluir sin interrupciones en una o más prácticas tradicionales de mindfulness.

P: ¿Hay alguna manera de unir las prácticas de SoBe Mindful con los ejercicios tradicionales de mindfulness?

R: Sí. Primero, puede consultar la serie de libros SoBe Mindful para ver las versiones guiadas de las prácticas tradicionales de mindfulness, como el escaneo corporal, la conciencia de la respiración y las prácticas de atención desnuda. En segundo lugar, una práctica planificada, como el Amanecer SoBe Mindful, puede naturalmente convertirse en una práctica tradicional. Por ejemplo, cuando el Sol sale y brilla en el Árbol, puede hacer la transición a un escaneo corporal, cuando el Sol brilla sobre el Viento, puede hacer la transición a una práctica de conciencia de la respiración, y cuando el Sol brilla sobre las Nubes, puede hacer la transición a un etiquetado o conocimiento de la práctica de las emociones, y cuando la atención se mueve hacia el Sol, puede practicar el monitoreo abierto.

P: Como el Viento / Respiración es un Elemento y también algo que está surgiendo todo el tiempo, puede ser confuso prestar atención a un Elemento, como el Árbol, y ser consciente de la respiración. ¿Qué debería hacer cuando tengo conocimiento del Viento al mismo tiempo que me estoy enfocando en el Árbol?

R: Por un lado, todos los Elementos están surgiendo todo el tiempo, y su observación sugiere que usted está siendo más consciente. En la medida en que descubra que esto interfiere con su práctica, vea si puede mover su sentido de la Respiración al fondo de la Conciencia. De esta manera, la Respiración estará presente, pero sin dominar el resto del ejercicio.

P: A veces, cuando estoy afuera, veo tantos árboles que puedo sentirme abrumado. ¿Alguna sugerencia?

R: Si se siente abrumado por muchos árboles, es posible que intente "hacer" una práctica cada vez que vea un árbol. Si esto sucede, intente cambiar su perspectiva para que se sienta conectado con la comunidad de árboles, en lugar de separarse de ellos. Esto puede permitir que los árboles muestren una postura ajustada y una conciencia del cuerpo más sostenidas sin que la práctica se sienta abrumadora o como una serie de tareas diferentes.

P: A veces, cuando estoy practicando el Minuto SoBe Mindful, me siento apresurado, como si estuviera tratando de completar todos los Elementos con prisa. Esto no parece ser consciente.

R: Puede ser una experiencia común sentirse apurado, especialmente si uno se acerca al ejercicio como algo que "debe hacer". Esto puede revelar una sensación de "urgencia" no limitada a este ejercicio, pero que le sigue durante el día y puede contribuir a sentirse estresado y ansioso. Por supuesto, al practicar este ejercicio, no hay prisa ni necesidad de apurarse. Puede resultarle útil pasar más tiempo en el modo de *ser* para la práctica de cada Elemento.

P: Hay otros elementos que se me ocurren que podrían incluirse, como el océano y las montañas. ¿Por qué no fueron incluidos? ¿Está bien si los uso?

R: El Método SoBe Mindful se basa en elementos naturales que todas las personas del mundo, independientemente del lugar donde vivan, experimentan con bastante regularidad. El océano y las montañas caen fuera de esta condición, pero ciertamente pueden ser señales significativas, y usted puede expandir cómodamente el horizonte de los elementos. De hecho, hacerlo puede ser especialmente profundo ya que emana de su propia experiencia y conocimiento. Sin embargo, preste atención a su motivación y manténgala simple. A veces hacemos las cosas más complejas como una forma de escapar del momento presente; más trabajo. Entonces, manténgalo simple.

Lectura recomendada

Libros

André, Christophe, *Looking at Mindfulness: 25 Ways to Live in the Moment Through Art* (Blue Rider Press, 2015).

Coleman, Mark, *Awake in the Wild: Mindfulness in Nature as a Path of Self-Discovery* (New World Library, 2006).

Harris, Dan, *10% Happier: How I Tamed the Voice in My Head, Reduced Stress Without Losing My Edge, and Found Self-Help That Actually Works—A True Story* (Dey Street Books, 2014).

Harris, Sam, *Waking Up: A Guide to Spirituality Without Religion* (Simon & Schuster, 2014).

Kabat-Zinn, Jon, *Mindfulness for Beginners: Reclaiming the Present Moment—and Your Life* (Sounds True, 2016).

Nhat Hanh, Thich, *Present Moment Wonderful Moment: Mindfulness Verses for Daily Living* (Parallax Press, 2002).

Ryan, Tim, *A Mindful Nation: How a Simple Practice Can Help Us Reduce Stress, Improve Performance, and Recapture the American Spirit* (Hay House, 2012).

Salzberg, Sharon, *Real Happiness: The Power of Meditation: A 28-Day Program* (Workman Publishing Company, 2010).

Shapiro, Shauna & Linda Carlson, *The Art and Science of Mindfulness: Integrating Mindfulness Into Psychology and the Helping Professions* (APA, 2017).

Tolle, Eckhart, *Stillness Speaks* (New World Library, 2003).

Williams, Mark, John Teasdale, Zindel Segal, & Jon Kabat-Zinn, *The Mindful Way Through Depression: Freeing Yourself from Chronic Unhappiness* (The Guilford Press, 2012).

Revista

Mindful (mindful.org).

Sobre el Autor

Scott Rogers, MS, JD, es fundador y director del Institute for Mindfulness Studies, que fundó en 2003 para compartir el mindfulness en formas accesibles, convenientes y significativas. Un líder reconocido a nivel nacional en el campo, Scott fundó y dirige actualmente el primer programa de Mindfulness in Law en la Facultad de Derecho de la Universidad de Miami y co-fundó la Iniciativa de Investigación y Práctica de Mindfulness de la Universidad de Miami. Allí colabora en la investigación de neurociencias, explorando cambios perdurables en el cerebro y en el comportamiento que pueden acompañar a los programas de entrenamiento en mindfulness. Scott es el principal consejero de Innergy Meditation Studio en Miami Beach.

Desde 1999, Scott ha enseñado mindfulness a más de diez mil personas, incluidos atletas, contadores, banqueros, líderes de negocios, niños, educadores, asesores financieros, bomberos, jueces, abogados, estudiantes de derecho, mediadores, estudiantes de medicina, padres, médicos y terapeutas. Sus libros se encuentran entre los primeros que integran el mindfulness en todos los campos; su sitio web, themindfulparent.org, fue el primero en explorar la relación entre mindfulness y el ser padres, y su sitio themindfullawyer.com fue el primero en explorar mindfulness y derecho. Es creador de *Jurisight*, el primer programa en el país que integra el mindfulness, el derecho y la investigación en neurociencia. Scott creó los programas de mindfulness Worrier to Warrior, Wanting to Wisdom y SoBe Mindful. Dirige presentaciones y talleres en todo el país y es conocido por su compromiso energético compartiendo el mindfulness con el público.

Scott es autor de cinco libros, que incluyen *Mindful Parenting: Meditations, Verses & Visualization for a More Joyful Life, Mind-*

fulness for Law Students: Using the Power of Mindful Awareness to Achieve Balance and Success in Law School, The Six-Minute Solution: A Mindfulness Primer for Attorneys, Mindfulness y Professional Responsibility: A Guidebook for Integrating Mindfulness into the Law School Curriculum, y los CD's *Attending: A Physician's Introduction to Mindfulness,* y *Mindfulness, Balance & The Lawyer's Brain.*

Scott da conferencias en todo el país, habla en congresos de derecho, medicina, liderazgo y ciencias; también ha aparecido en televisión, *HuffPost* y National Public Radio, y ha sido entrevistado en el *Wall Street Journal,* el *Miami Herald,* el *National Law Journal, Mindful Magazine, Shambhala Sun* y otros periódicos y revistas por su trabajo en mindfulness.

Scott vive en Miami Beach, Florida, con su esposa, Pam, y sus dos hijas, Millie y Rose.

Sobre la Ilustradora

Cathy Gibbs Thornton es diseñadora e ilustradora gráfica con más de treinta años de experiencia en las industrias creativa, publicitaria y de impresión. Originaria de Barbados, Cathy estudió arte y publicidad en Miami, donde se graduó summa cum laude tanto en su diplomado como en su licenciatura en comunicaciones publicitarias. Trabajó como diseñadora principal, directora de arte y directora creativa para grandes agencias de publicidad en Barbados y en Miami antes de comenzar su propio negocio, CG Graphics.

Con los años, la galardonada obra de arte de Cathy ha aparecido en varias publicaciones, incluido el *Miami Herald* y la portada de la revista *South Florida*. Cathy se enorgullece de trabajar estrechamente con sus clientes de una amplia gama de industrias en los Estados Unidos, Canadá y en toda la región del Caribe, ayudándolos a alcanzar sus metas creativas. Sus ilustraciones abarcan medios tradicionales y digitales, y sus habilidades incluyen el diseño en dos y tres dimensiones. Ella se especializa en logotipo, folleto y diseño publicitario. Ejemplos locales de su trabajo en el área de Miami incluyen los logotipos oficiales del Village of Palmetto Bay y del Town of Cutler Bay, ambas entradas galardonadas en competencia.

Cathy y su esposo Mike, escritor y especialista en multimedia, viven en Orlando, Florida. Su hija Natasha es cinematógrafa y editora en la Universidad del Sur de la Florida. Su finado hijo Jason fue estudiante de posgrado en la Universidad de Florida Central, donde estudió psicología y neurociencia.

Herramientas y juegos de SoBe Mindful®

El Método SoBe Mindful se vuelve más útil y efectivo cuanto más se practican y refuerzan los Elementos. Por esta razón, hay una variedad de recordatorios de SoBe Mindful que se puede usar para ayudar a respaldar su práctica. Éstos incluyen:

Imanes SoBe Mindful: cada uno contiene una imagen de uno o más de los Elementos. Colóquelos en su refrigerador u otras ubicaciones para que puedan reforzar su conexión a los Elementos y también para recordarle despertarse frecuentemente.

Libros para colorear SoBe Mindful: puede colorear los Elementos, tanto para calmar el estrés como para adelantar el Método SoBe Mindful. Colorear se convierte en la práctica del mindfulness, ya que las imágenes de los Elementos sugieren el despertar. Puede encontrar libros para colorear con imágenes que se encuentran en este libro, así como también imágenes de Elementos locales de su parte del mundo.

Pegatinas SoBe Mindful: coloque estas coloridas pegatinas en lugares estratégicos donde las encontrará durante el día para que sirvan como recordatorios de alerta.

Grabaciones de práctica guiada SoBe Mindful: escuche las prácticas de audio grabadas que le presentan los Elementos y lo guían a través de visualizaciones orientadas al mindfulness.

Cubo SoBe Mindful: cada lado de estos cubos contiene la imagen de uno de los Elementos. Adultos, adolescentes y niños pueden colocar el cubo en un escritorio o en una mesa para recordar que pueden practicar durante el día. Son ideales para jugar divertidos juegos de mindfulness con niños. Están disponibles en diferentes tamaños y materiales.

Sitio web SoBe Mindful: ofrece instrucción, publicaciones en blogs, prácticas guiadas de audio y video, talleres e información general sobre el Método SoBe Mindful. www.SoBeMindful.com

Medios de comunicación social SoBe Mindful: recursos en línea para conectarse con miembros de la comunidad SoBe Mindful y mantenerse al día con los recursos, consejos y prácticas de SoBe Mindful.

Instagram: SoBeMindful
Twitter: @SoBeMindful
Facebook: SoBeMindful

Próximamente

App SoBe Mindful: ofrece una amplia variedad de opciones de práctica SoBe Mindful, que in-cluyen prácticas autoguiadas, grabaciones guiadas y sugerencias diarias con los Elementos.

Tarjetas de práctica SoBe Mindful: un conjunto de tarjetas coloridas que representan los Ele-mentos por sí mismos y en combinación para aprender y reforzar el Método SoBe Mindful.

Serie de libros SoBe Mindful: proporciona a lectores de todas las edades una selección de prácticas guiadas que integran el mindfulness en diversos aspectos de la vida cotidiana. Los títulos de libros incluyen:

SoBe Mindful con los niños
SoBe Mindful mientras está sentado
SoBe Mindful durante las vacaciones
SoBe Mindful en casa
SoBe Mindful durante el envejecimiento
SoBe Mindful cuando está triste
SoBe Mindful en la naturaleza
SoBe Mindful cuando se está enfermo
SoBe Mindful en la escuela

www.ingramcontent.com/pod-product-compliance
Lightning Source LLC
Chambersburg PA
CBHW040544020526
44112CB00047B/2867